We Are Hope

Somos La Esperanza

Praise for
We Are Hope

"In the midst of relentlessly 'dark' news about the city of Juárez, *We Are Hope* provides an essential contrast. It is not only erroneous but dangerous to objectify a city, to forget that Juárez is home to workers, families, and children. Here we meet the Sisters of Charity and the women and children of Centro Mujeres Tonantzin. They remind us that Juárez is a human place where women work to build a city within a city—a place transformed by compassion, empowerment, social justice and environmental stewardship. As I read, my own community challenges pale in comparison; we learn so much from these remarkable women."

—Valerie Martinez, author of *And They Called It Horizon*,
Lines and Circles and *Each and Her*

"The simple act of claiming a neighborhood arroyo (ravine) becomes a sacrament of purification and an instrument of peace in Juárez, the most violent city on earth. Dr. Bailey describes the incredible women of Colonia Plutarco, victims of abuse and violence. She writes of their sense of dignity and strength in building a community, Centro de Mujeres Tonantzin (CMT). If the work of the Sisters of the Incarnate Word were to be multiplied along the U.S. Mexico border, we would see women and their children with hands touching, not higher fences and continued victimization of the poor."

—Bonnie Buckley Maldanado, Professor Emeritus, Western New Mexico
University, award winning poet, Poet Laureate, Silver City, New Mexico

"These magnificent photos capture everything that is beautiful, tragic and just plain wonderful about the women at Centro Mujeres Tonantzin. The detail is stunning. Alicia Edwards beckons us into this other, lesser known Juarez, honing in on a woman's fingers folding tamales, two toddlers dancing hand in hand, a gully strewn with abandoned tires, birds in cages shielded from the sun. Above all, the photos capture the joy and dignity of taking control of your life, whether it's growing your own food, caring for your family or nurturing your space. This book is a treasure for the eye, the mind and the heart."

—JJ Wilson, writer-in-residence, Western New Mexico University

We Are Hope

Women Living Beyond the Violence of Ciudad Juárez

Essays
by Emma G. Bailey, PhD

Photographs
by Alicia K. Edwards

Translated into Spanish
by Sor Aurora Isabel Ramírez

Somos La Esperanza

Mujeres que viven más allá de la violencia de Ciudad Juárez

Ensayos
por Emma G. Bailey, PhD

Fotografías
por Alicia K. Edwards

Traducido al español
por Sor Aurora Isabel Ramírez

SUNSTONE
PRESS

SANTA FE

Sunstone books may be purchased for educational, business, or sales promotional use.
For information please write: Special Markets Department, Sunstone Press,
P.O. Box 2321, Santa Fe, New Mexico 87504-2321.

Body typeface › Minion Pro
Printed on acid-free paper
∞

Library of Congress Cataloging-in-Publication Data

Bailey, Emma G., 1969-
  We are hope : women living beyond the violence of Ciudad Juárez : essays / by Emma G.
Bailey, PhD ; photographs by Alicia K. Edwards ; translated into Spanish by Sor Aurora Isabel
Ramírez = Somos la esperanza : mujeres que viven más allá de la violencia de Ciudad Juárez
: ensayos por Emma G. Bailey, PhD ; fotografías por Alicia K. Edwards ; traducido al español
por Sor Aurora Isabel Ramírez.
     pages cm
  Parallel title: Somos la esperanza : mujeres que viven más allá de la violencia de Ciudad
Juárez : ensayos
  In English and Spanish.
  ISBN 978-0-86534-966-7 (softcover : alk. paper)
  1. Women--Mexico--Ciudad Juárez--Social conditions. 2. Women--Services for--Mexico-
-Ciudad Juárez. 3. Women--Violence against--Mexico--Ciudad Juárez. 4. Abused women-
-Mexico--Ciudad Juárez. 5. Violence--Mexico--Ciudad Juárez. I. Title. II. Title: Somos la
esperanza : mujeres que viven más allá de la violencia de Ciudad Juárez : ensayos.
  HQ1465.C58B35 2013
  305.40972'16--dc23
                          2013028145

WWW.SUNSTONEPRESS.COM
SUNSTONE PRESS / POST OFFICE BOX 2321 / SANTA FE, NM 87504-2321 /USA
(505) 988-4418 / ORDERS ONLY (800) 243-5644 / FAX (505) 988-1025

CONTENTS

English

Spanish Translation

We will exercise our personal and congregational corporate power and influence to work for systemic change, and will take a corporate stand against forms of injustice and violence.

—The Sisters of Charity of the Incarnate Word, Acts of Chapter, 2008

Utilizaremos nuestro poder e influencia personal y corporativa para trabajar por un cambio de sistema y tomaremos una posición corporativa contra formas de injusticia y violencia.

—Hermanas CCVI. Actas del Capítulo 2008

Preface

This book by Emma G. Bailey, PhD, Professor of Sociology at Western New Mexico University, is a testament to what people who have not had sufficient opportunities for education can achieve. And not only for themselves, but also for their family, their community and despite being something so small, to contribute to the transformation of society.

As the author says, this is the sociological study of a border whose economy largely depends on the vagaries of the U.S. economy, location, direction and power, and a group of women who could not live in a place with no sense.

The history of Juárez, needed to understand the context of this story, is thoroughly analyzed and narrated from within, as Emma Bailey has been made to be part of this group, and from the heart that understands and participates in the construction of this new story.

To narrate the experience, she gives voice to the protagonists of the story.

The account of this experience shows how people in a community will grow in knowledge and confidence in their potential as individuals and as a group to create new conditions of life, a human life, fuller.

The Sisters of Charity of the Incarnate Word through the Centro Mujeres Tonantzin collaborated with women so that they can assert their dignity, discover their potential and realize them. A key activity was their constant community work to clean and plant trees in the deserted streets of their community while facing criticism from their neighbors who gradually came to appreciate their work. They began with cleaning their neighborhood because they have a right to live in a decent and beautiful place.

The Center has become their second home where they can find a space for meeting, training and celebration. They guide the reading of the Bible and interpret it from their experience, which gives their life meaning and flavor.

Dr. Bailey has been a witness and partner in their growth and from her sensitivity she has come to appreciate and trust the ability of the women in these groups, their values and their incredible resources.

We hope that reading this testimony will encourage other communities in the growth process and also that all persons and organizations will accompany us in solidarity.

—Ivonne Ramirez Arroyo
Sister Of Charity of the Incarnate Word

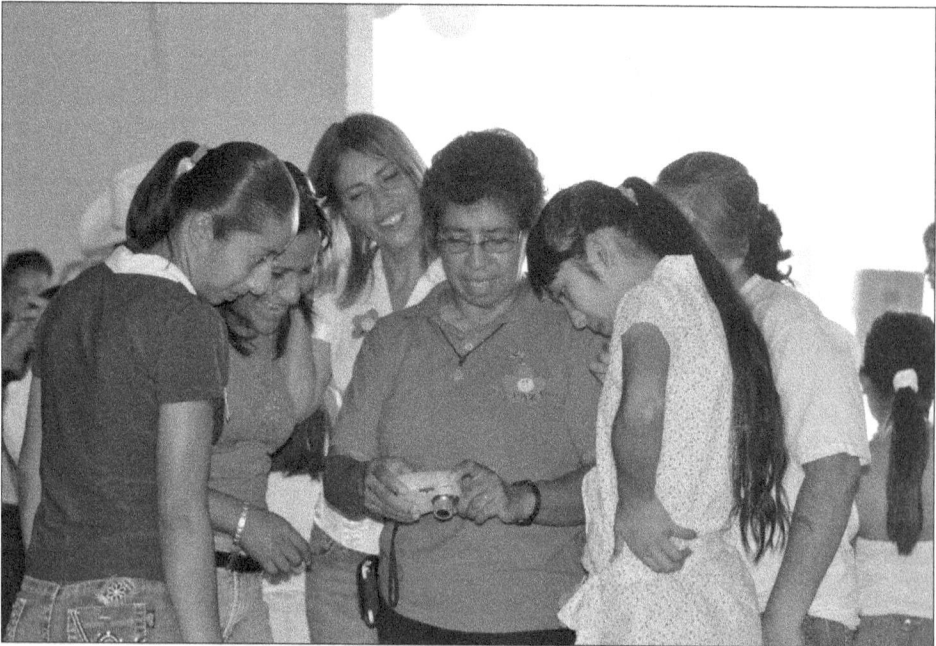

Introduction

The border finds me unprepared for its magnitude. Juárez frightens us by its presence and the monster we think it has become—a city housing drug traffickers, sex workers, potential illegal immigrants, and those who are willing to work for a pittance taking our good manufacturing jobs. And there is so much poverty there, too much poverty for Juárez to be a real city we should take seriously.

Despite all that disgusts us, we continue to take what we want: cheap goods, cheap drugs, and cheap tequila. We hide behind the idea of U.S. democracy grateful for our lives and for the border patrol that keeps Juárez at bay. That city is not of us. The death and destruction comes into our lives through the evening news and front-page articles and leaves our homes when we take the paper to the curb for recycling. These reports get at nothing that is real. The sensation of drugs, money, and murder sells. In the selling and buying of this misrepresentation, we fail to create a connection with those who live in the images that splash across our screens.

I am drawn to the border wanting to see beyond this caricature. So, in 2006, I pay my first 35 cents and join the daily workers and shoppers who cross the border by foot into Juárez. No one takes notice of me; yet, as I walk over the bridge a shift occurs and I become at once a foreigner in a strange land and a citizen of the nation that created it.

I pass so freely into Juárez. I realize that my loved ones always fear for my safety, yet never for those I go to visit. Crossing the border back to the U.S. incenses me every time. Although passports for U.S. citizens are required, there are still questions that assume we are part of the scandalous stories in the news. Everyone is presumed guilty and innocence must be proven even in sight of official documents.

Since 2006, I have crossed from El Paso to Juárez more than 150 times. Each time I confront the inadequacy of our understanding of Juárez and the life that has been created there through U.S. dominance. The tenacity and hope of the women of Centro Mujeres Tonantzin Plutarco beckons me. Their lives call me to be a more critical sociologist who is not satisfied with merely explaining what I see, but one who seeks and demands change. Their lives call me to be a better professor so that the next generation of college graduates do not blindly accept the repetition of a history that began in 1848. The lives of these women are left out of the evening news and the front-page articles. Yet, it is the story of their lives that we must know, if we are to understand the border and our part in it.

And so, here is a part of their story told through my eyes. This story rests heavily on the portions of their lives they have so graciously shared with me. They have not only welcomed me into their community, but have also granted me personal interviews. Without them this project would not be possible and without them, my life would not be as full. I am eternally indebted to all of the women of Centro Mujeres Tonantzin Plutarco and to Alicia Edwards, whose photography captures and captivates. I give them all my deepest respect and gratitude.

Beginning

In March 2006, I attended the World Water Forum in Mexico City, Mexico. The forum was sponsored by the World Water Council, which seeks to create a water secure world. In the past, The Forum has been a place for protest against the privatization of water and because of these protests and interruptions in 2006 The Forum has kept local activists out. There were sessions geared toward policy and state levels as well as sessions about the work of local groups and organizations. One session I attended was on sanitation and women. In it four local groups presented their work and its impact. Three of the organizations were from Eastern Bloc countries and one was from Ciudad Juárez, Mexico. Several nuns from the Sisters of Charity of the Incarnate Word illustrated the work they had begun with women in poor communities using a dry, closed toilet system (in Spanish, *baños ecologicas*) or composting toilets. Thrilled that this work was happening and equally thrilled to know the activity was close to my home, I approached the nuns after the presentation and asked if I could visit them and see the work they were doing. That summer, I spent the first of what has become hundreds of days with the women in Centro Mujeres Tonantzin.

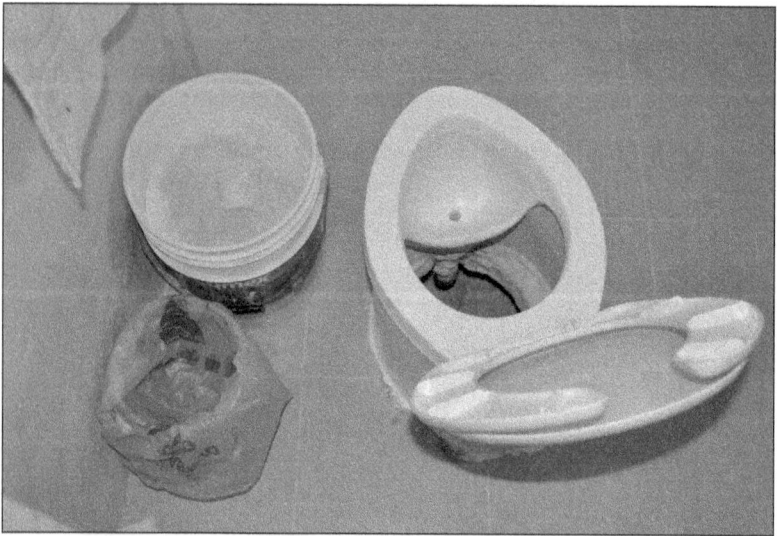

People need to visit. They need to come and see the reality with their own eyes.

Las personas necesitan visitar, necesitan venir y ver la realidad con sus propios ojos.

Place

The study of a border implies the study of place: place that is bifurcated, place that comes before us, and place that shapes us and tells us who and what we can become.

The study of a border also implies the study of meaning. Meaning is that which we use to provide a sense to the place and circumstances of our lives. Meanings are both given to us and formed through our own collective experience of place.

The study of a border implies the study of power. Those who have the ability to make decisions that affect our daily lives, despite our own will, wield power. They impose stories that explain the circumstances and the history that led us to this time. We often believe these chronicles and in turn accept how we have been constructed.

Borders have no meaning without people. Through those who hold sway over politics and economics, the meaning of borders change and in turn change our reality and us. Borders are constructed and in turn construct our reality.

Because borders are constructed and in turn shape us and because meaning is both dictated and formed, it is possible to live in a place knowing that who one is and what one wants to become is truncated by forces beyond one's control and that the story told no longer explains our lived reality.

This is the study of a border, place, meaning and power and of a group of women who could no longer live in a place that was meaningless. This is not a narrative of triumph. Rather it is an account of a struggle to create place because we cannot live in a place that is seemingly meaningless. As the women of Centro Mujeres Tonantzin create place, they find their agency and inaugurate change.

How does the government respond to the violence?
Well, there are lots of soldiers but it is the same; not much has changed. There are thousands of soldiers. But having more soldiers is not the solution.

¿Cómo responde el gobierno a la violencia?
Bueno, hay montones de soldados pero es lo mismo, no ha cambiado gran cosa. Hay miles de soldados pero tener más soldados no es la solución.

The narcotraffickers arrive with a plan and there's nothing to be done.

Los narcotraficantes vienen con un plan y no hay nada que se pueda hacer.

The government doesn't do anything. They say they are going to do something, but in reality they don't do anything. The police say they are going to do something but they never come. The government says it's going to do something but it's not true.

El gobierno no hace nada. Ellos dicen que van a hacer algo, pero en realidad no hacen nada. La policía dice que va a hacer algo, pero que no llegan nunca. El gobierno dice que va a hacer algo, pero no es cierto.

Because the government doesn't do anything....they don't do anything about all the crime. If we had more employment and a better economy then people wouldn't rob or steal.

Porque el Gobierno no hace nada, ellos no hacen nada por todos los crímenes. Si nosotras tuviéramos más empleo y mejor economía entonces la gente no robaría.

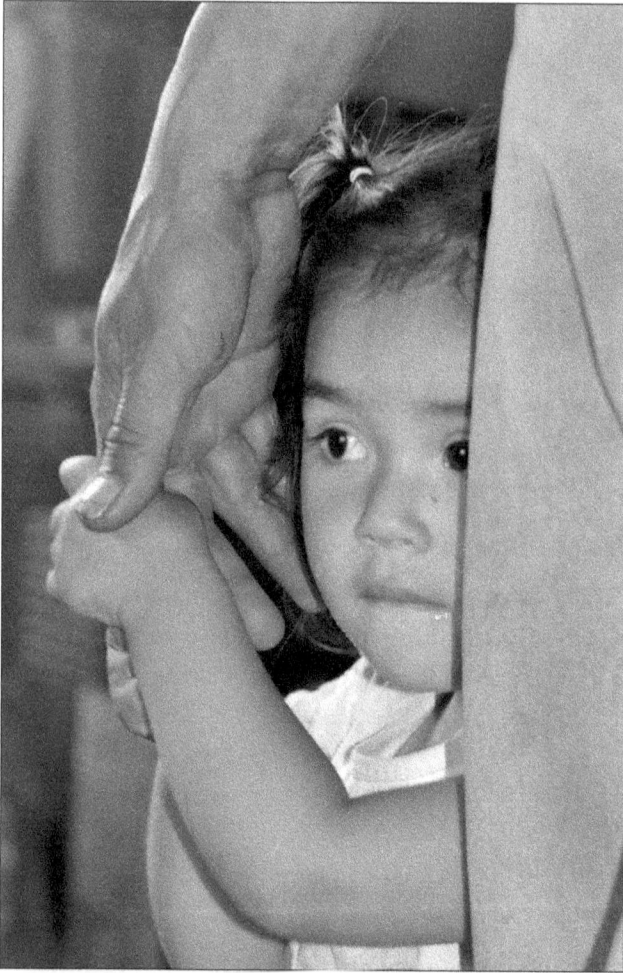

No, it's not good to have the military here, because it creates fear and more violence because it is force against force...the military and the cartels. It is not good because they come up against each other and there is already enough arms—it won't end.

No, no es bueno tener aquí a los militares porque eso crea miedo y más violencia porque es fuerza contra fuerza...los militares y los cárteles. No es bueno porque ellos llegan contra otro y ya hay suficientes armas. No terminará.

Juárez

Nothing about the Mexican-U.S. border is stagnant. As politicians and businesspeople vie for position, the definition of the border changes. Because of its political and economic strength, the U.S. wields more power over the border than Mexico. Similarly, the U.S dominates the depiction of the Mexican border towns and its people. Because of this disparity in power, the Mexican government cannot adequately respond to the U.S. as an equal. This leaves the development of the Mexican economy and the characterization of the Mexican people in the hands of the U.S. government and media.

Known until 1888 as Paso del Norte, Ciudad Juárez served as a stopover and a path of commerce for both Mexico and the U.S. Not until the U.S. prohibition years of 1920-1933 did Juárez become a destination for U.S. tourists. Juárez tantalized, invited, and called people from the North for fun and frivolity. Entertainment, Mexican style, was easy, cheap and accessible. In 1924 the U.S. instituted the U.S. Border Patrol, changing the border from an amenable area where families, work and life moved easily in both directions to a strict line that changed Mexicans from shoppers and farm workers to fugitives.

In the throes of WWII, the border definition changed again. The reason for the shift was twofold. The first was the U.S.'s need for a reliable workforce and the second was the U.S.'s desire for "legal" workers. These needs led the U.S. and Mexico to enter into the Bracero program, which secured work for Mexican laborers on U.S. farms, ranches, and railroads. Once again the border towns became an important stopover as thousands of migrants from the southern states passed through. In the cases of Juárez and El Paso more than 80,000 Braceros passed through in a year. By the end of the program in 1964, millions of Mexicans had come to the U.S. to work. During this same time period, the U.S. also repatriated thousands of Mexicans who had found work in the U.S. without proper documentation. In 1954, Operation Wetback, a U.S. federal government program, deported

1,000,000 Mexicans living and working in the country. The Bracero program and Operation Wetback altered the economy and social life of border towns. Because of repatriation, thousands of Mexicans found themselves unemployed in the Mexican border communities.

To reduce the high levels of unemployment in border cities that accompanied the end of the Bracero program, Mexico introduced the Border Industrialization Program (BIP) in 1965. BIP allowed for foreign owned factories or assembly plants (known as *maquiladoras* or *maquilas*) to be built in Mexico within 100 kilometers of the U.S. border. While thousands of workers were employed, the foreign companies saw huge profits. The reasons were threefold. First, they could pay wages far below those in their home country. Second, they could exploit raw materials already in Mexico and materials that were brought into Mexico were duty free. Finally, the goods assembled in Mexico were exported with only a value added tax.

With the passage of NAFTA in 1994, U.S. companies gained even greater advantages. NAFTA has allowed U.S. companies to undercut Mexican farmers with tariff free imported food. As food prices fell and work opportunities grew along the border, more than 2 million Mexicans who were forced out of agricultural production looked to the North for employment opportunities and left their land behind. As a result, Juárez experienced an incredible population growth. The city grew from 798,000 in 1990 to between 1.5 and 2 million residents today. New people come to Juárez each year with a large percent of its population born elsewhere.

As the population of Juárez swells, so do the need for housing and services. The neighborhoods (or in Spanish, *colonias*, which means both neighborhood or community and residential area that lacks access to public services) stretch out and climb the hills to the west, south and east. As the city swells so do the *colonias* and as a result many people find themselves in neighborhoods with makeshift roads, sometimes no running water, sanitation service, or electricity, and limited access to public transportation.

Like the border, *colonias* also change. As people gain resources, such as a pile of pallets, a house may begin to take shape. In the same way, used tires become walls and steps that hold back the earth. The wood from the pallets may later be replaced with cinder blocks when more money is earned.

In Juárez, approximately 170,000 people work as laborers in some 340 U.S., European, and Japanese owned factories. For this work they receive about $1.00 an hour (twice the Mexican minimum wage) or between $40-$55 for a 48 hour, six day week. With the global economic downturn in 2008, somewhere between 20,000-40,000 unskilled factory jobs were lost in Juárez. Over 50% of the population lives in poverty and 30-40% of the population try to survive without work.

Like other world cities beleaguered with poverty, Juárez experiences violence. In the days following September 11, 2001, the U.S. again shifted its definition of the U.S. Mexican border as fear of terrorism raged. The U.S. Mexican border became one of the most armed stretches of land in the world with 17,000 U.S. border patrol agents positioned along the 2,000 mile U.S. Mexican border. In contrast, only 2,000 agents patrol the 5,500 mile border shared by the U.S. and Canada. Commissioned to search for terrorists, the U.S. border patrol mostly apprehends individuals entering the country without documentation or who are involved in illicit drug trade.

As in other places, where no formal economy can sustain a people, informal economies—those economic transactions outside of taxation—emerge. The streets of Juárez are filled with vendors selling goods of all kinds. Second-hand clothing, tools, and furniture become permanent yard sales in front of people's houses since selling these goods may be their only form of income. Sometimes these goods come from El Paso—as people cross to shop the garage sales and other second-hand stores there. Others cook food and sell it from their home or on the street. Still others might wait at traffic lights or on the Santa Fe Bridge to wash car windows. Frequently, informal economies also include the selling of illegal goods or services such as drugs, guns and sex. While most of the drugs in Mexico are destined for the U.S., drugs that don't make it over the border are sold cheap in Juárez. A hit of cocaine sells for around $2.00, about the same price as a plate of tacos or a hamburger. Despite the 17,000 border patrol agents, nearly 90% of the drugs used in the U.S. come through Mexico and conversely almost 90% of guns that are used by those controlling the drug trade in Mexico come from the U.S. These informal economies that are illegal come up against the power of the state and violence usually surrounds them. In the case of illicit drugs and guns, the U.S. and Mexico prosper both from the sales and the fight against these drugs. Citizens are caught in the middle and ultimately pay the price for this war on drugs.

In February 2009, Juárez became a police state. Sent by President Calderon, more than 7,500 military soldiers and 2,300 federal police descended on the city. Formally, this increase in protection came as a response to the 1,800 drug related murders in 2008. Despite this military presence, more than 1,900 people were killed in 2009 in drug related violence and more than 3,000 in 2010. In the first six months of 2012 there were 580 homicides—a clear drop from 2010. What is often not in the news is the brutality the police show toward their own people. The residents report extortion by the federal police who often wear masks to conceal their identity from the cartels. In exchange for payment, the federal police promise protection from the cartels. The residents know three things: one, the federal police will not make good on their claim and two, even if the police tried, they would not be able to win against the cartels and three, if they refuse to pay, the ramifications could be deadly.

In Juarez, women are often the focus of this deadly violence. 340 women have been found murdered between 1993 and 2003, 304 in 2010 and over sixty in the first six months of 2012. While patterns emerge among the victims, motives for the murder are varied—drugs, organ trade, debt, gang violence and sexual assault are given as reasons for these murders. Perpetrators are seldom apprehended and families are left with no hope for justice. Authorities frequently find the women buried in mass graves, left in the outskirts of the city exposed to the desert elements, or in vacant city lots buried in shallow graves. Despite the motive, one can read the murders at the very least as complete disrespect for women and at most as absolute contempt of women and an organized endeavor to keep women in a place of fear.

Juárez has been a commercial corridor from its beginning and today it is no different. Nestled in the city center are the remnants of a time when Juárez flourished—buildings now empty and crumbling tell of an earlier time when the border was open and the relations between the U.S. and Mexico were more balanced than today. Yet, in the face of all that Juárez is and in spite of all that the U.S. continues to control, ordinary, regular people continue to endure.

There is not enough work. There's unemployment—this is also a consequence of the violence, if you don't have enough money then you might rob as well.

No hay trabajo suficiente. Hay desempleo. Esto es también consecuencia de la violencia. Si tú no tienes suficiente dinero, entonces tú podrás robar también.

Centro de Mujeres Tonantzin

In the midst of all that the U.S. fears, lies Centro Mujeres Tonantzin. The Sisters of Charity of the Incarnate Word, San Antonio, Texas have had a presence in Ciudad Juárez since September 1997. Driven by their mission to serve and empower women who are marginalized and disfranchised by society, the sisters created Centro de Mujeres Tonantzin (CMT). Tonantzin, a Nauhtl word, carries the connotation of dignified woman or, religiously speaking, Our Lady of Guadalupe. While they began their work with prostitutes and female prisoners, in the last ten years the sisters have successfully established Centers with women in poor communities. The Centers are more than physical structures that provide space for workshops, classes, Bible studies, and economic development; they offer an opportunity for women to create dignity, transform themselves, their family and their community in solidarity with other women.

The Sisters began working in Colonia Plutarco Elías Calles in 2002. Colonia Plutarco lies at the point furthest south in the city, now bordered by the four-lane highway, *Camino Real*. By city bus, Colonia Plutarco is thirty minutes from the international border. At first the sisters created relations with a few of the women through workshops on self-esteem. For five years, before the building for the women's Center was completed, the women met weekly on the patio of one of the members. Forming relationships and studying together, the women began to act, knowing their world could improve and in fact would only improve when they acted.

The women began by cleaning the ravines and gullies that traverse the area. Garbage, dead animals, and feces littered the vicinity, polluting not only the soil and rainwater, but also the character of the neighborhood. After a two-block long ravine near the women's Center was cleaned, the women planted about ten trees along its length. They brought in rock and gravel to fill it in and also poured cement to stabilize the earth. Out of a garbage strewn ravine emerged a space for walking and playing that they created. Each week the women clean this area, chopping weeds, picking up garbage, and watering the trees. They have gone on to transform other gullies in the neighborhood. At first the people of the neighborhood called them crazy. "What kind of women would come out of their home and take on such a task?" As the weeks passed, the women noticed that their neighbors quit calling them names and they began to see that community members contribute to their efforts by being more mindful of their own surroundings and disposing of garbage via the city sanitation project.

Before, the people put their trash in the gullies, but now they don't. They think about it. And they don't do it. So, we have affected our neighbors.

Antes la gente echaba su basura en las barrancas, pero ahora ya no. Ahora ya piensan y no lo hacen. Eso quiere decir que hemos influido en nuestros vecinos.

It offers a place that is different than outside. There is no violence in the Center.

Ofrece un lugar que es diferente de afuera. En el Centro no hay violencia.

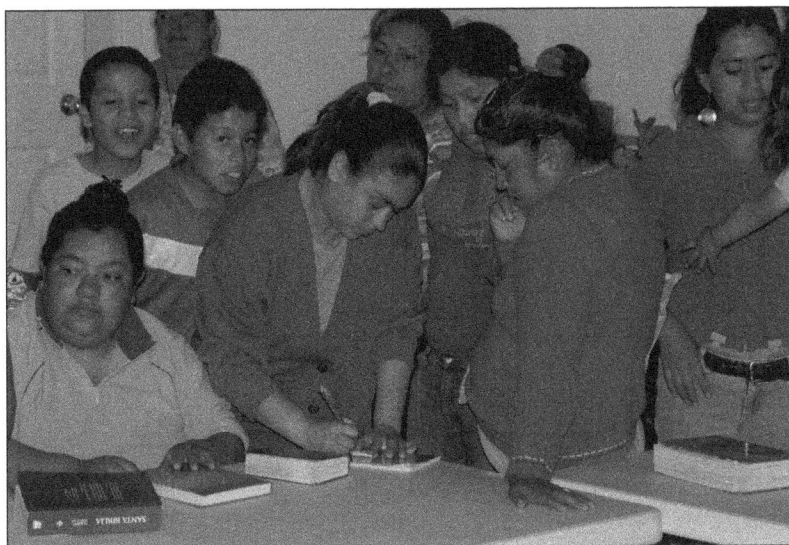

The organization of the center—who has the keys, who will water, who will clean. Organizing these things is most important for us. Because it is our center and we need to do this...

La organización del Centro—Quién tiene las llaves, quién riega, quién limpia. Organizar estas cosas es importante para nosotras porque es nuestro Centro y necesitamos hacer esto-

There is not enough water and so learning how to recycle (or reuse it) is a good thing. The earth is contaminated and so by planting our own trees we are helping the community.

No hay agua suficiente y así aprendiendo a reutilizar es una cosa buena. La tierra está contaminada y por eso plantando nuestros propios árboles ayudamos a la Comunidad.

When the women of CMT-Plutarco visualize what they'd like their community to be, they speak of trees, flowers, and water. All of these things are scarce in Juarez, a high plateau desert. The construction of the city has laid waste to most things natural. Variations of grey cover the landscape—concrete roads, cinder block houses, dirt pulverized into drab talcum powder. This reality has not deterred the women from reaching for their vision. The women express how a clean neighborhood reflects not just the value of health and sanitation, but as importantly the mood and character of a neighborhood reflects their value and view of themselves. The change in the physical ambiance signifies the change that the women have experienced through participating in the Center.

Taking care of their environs also includes adopting waterless composting toilets, grey water systems, gardens, and greenhouses. The dry toilet systems that the sisters, in partnership with University of Texas El Paso, developed allow the women and their families to have a clean, safe alternative to latrines and the centralized system that does not always work well. The specially engineered toilets that separate wet and dry waste are actually made by the women of Centro Mujeres Tonantzin in Lomas de Poleo, another women's Center started by the sisters. The solid waste, when composted, can then be used in the gardens that the women have planted. The women have also learned to re-use grey water. After the water passes through a large planter box that filters the water from the sink, shower and washing, it is clean enough to use on their gardens. Traditional vegetables plus herbs are grown in the gardens and greenhouses, supplementing what the women need to buy. The herbs are used not just for cooking but also for making time-honored medicines whose tradition has been revived by the Center. Some of the women have planted fruit trees, and raise chickens, pigs and rabbits, which have been acquired, like the greenhouses, through a partnership with Heifer International. By growing and raising some of their own food, the women now have fresh, healthy food options for their families. These urban homesteads reflect the lifestyles that the women left on the ranches in interior Mexico. By again providing for their loved ones they feel a sense of happiness and conviction that this approach not only nourishes them but also the character of the community.

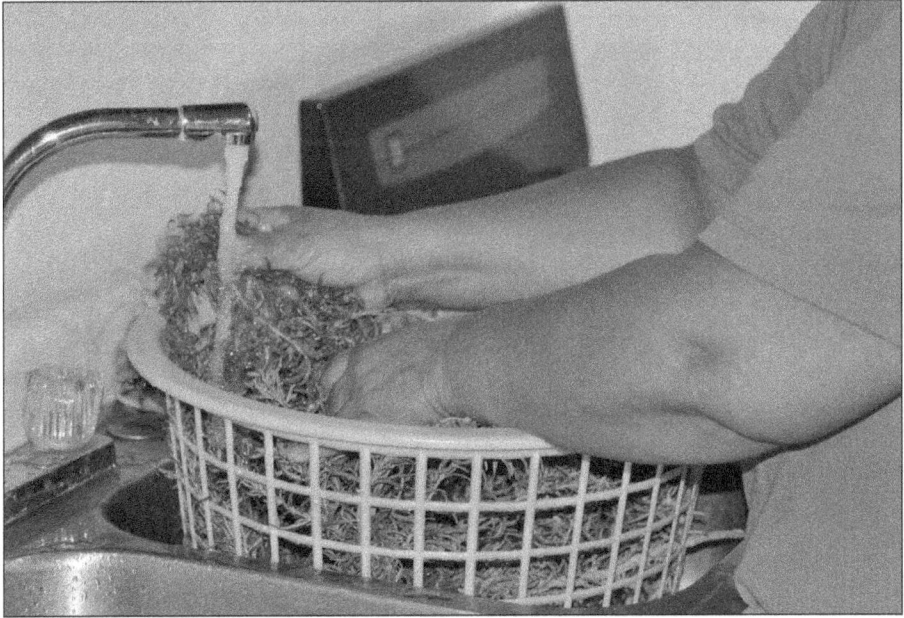

The Center was completed in December 2006. It offers a space for meetings, classes, activities and celebrations. In addition to a main room with a cooking area, the Center includes a children's room, and a bathroom with an ecological toilet. Outside, gardens, a greenhouse, a water filtration system, and a large patio complete the Center. Every week the women gather to discuss the business of the Center and conduct a program. The business includes the financials, the Heifer International project, their new sewing project called *Mujeres en Busca de un Futuro Mejor* (Women in Search of a Better Future), the maintenance of the building, and upcoming activities. Every week, each woman gives 5 pesos to the Center. This money, along with fundraisers such as tamale sales or raffles, pays for electricity, water, and supplies for the Center. The leadership of the Center rotates among the women, but the work of the Center is done in teams. Members are held responsible for their contribution to the whole, but are not left to work individually. The modeling of community in something so small as the weekly cleaning of the Center demonstrates their commitment to a process different than the norm of individualism valued in Western society.

The women make all of the decisions for the Center communally. Every woman is asked to speak on a particular issue and every woman is asked to listen. No one is allowed to speak twice before everyone has had an opportunity to articulate their concerns or ideas. The women value the process as much as the decisions that are made. While working toward consensus takes a large amount of time, every woman's voice has equal value.

The weekly program at the Center usually focuses on a Bible study or an aspect of spiritual formation. While Catholic, the Bible study led by one of the sisters models a liberation theology (social justice) or grassroots approach. In every Bible study session I have attended the women were encouraged to reflect on the Biblical passages themselves and to ask the question—how does this apply to our lives here in Juárez? Where is God in our midst? And how are we to act? On many occasions, the women act out a Bible passage as way to not only actualize the meaning for themselves, but also as a way to communicate the meaning to the others in the group. Because the Bible is laid bare for the women to read without the authority of a priest, they ask about their own situation and conclude that God is a God of justice and peace who lives with them in their poverty, but who also empowers them to understand that poverty emerges because of historical situations and decisions made by those in power. The group comes to learn the strength of their own presence as poor, disenfranchised women in the world. Their self-esteem grows and they recognize not only their equality with men, but also that poverty does not devalue them as people. Rather, their poverty puts them in a unique position to understand the path of justice to which God calls them. At the same time, the women learn the importance of nonviolence and practice this in their own lives. They model for their children and their husbands the peace they desire for Juárez. Workshops on human rights, women's rights, sexuality, nutrition and classes in sewing, various crafts, computers, herbal medicines, soap making and English help the women to refuse society's definitions of who and what they are and what they can become.

Several times a year, the four Centro Mujeres Tonantzin (Plutarco, Panfilo, Estrella, and Lomas) come together for a *convivencia* or a fellowship meeting. Together the four Centers celebrate what each has accomplished and speak about their dreams and aspirations for the future. Each group also contributes to a community meal that is shared with members, spouses and children. Each time close to a hundred people attend. The afternoon ends with dancing and games for the children. Through the endeavors of the Center, the women push the limits placed on them and engage their agency as leaders of the Center and their community.

I want my children to go to school. It is important for my children to complete higher grades so that they can get better work. It's difficult. Because we need money to send our children to school so they can advance, but if we don't have money then they can't study and they can't advance.

Yo quiero que mis hijos vayan a la escuela. Es importante que mis hijos completen sus estudios superiores para que puedan conseguir un mejor trabajo. Es difícil porque necesitamos dinero para mandar a nuestros hijos a la escuela y ellos puedan avanzar. Si no tenemos dinero ellos no pueden estudiar y mejorar.

It's all about our self-esteem.

Todo es acerca de nuestra autoestima.

We have a great capacity. We need to share and to teach each person.

Nosotros tenemos una gran capacidad. Necesitamos compartir, aprender y enseñar de cada persona.

Before I didn't go out, but now I do. I go to the workshops and I learn.
I have more independence and I know we have value.

Antes yo no salía pero ahora sí. Voy a los talleres y aprendo.
Soy más independiente y sé que somos valiosas.

Women are not there for their husbands to hit.

Las mujeres no están ahí para que sus esposos les peguen.

Women have a lot of force—a lot of strength.

Las mujeres tenemos un gran poder, energía y mucha fortaleza.

The Women

The women of Centro Mujeres Tonantzin Plutarco came to Juárez for work. Arriving from the interior states of Durango, Veracruz, Jalisco, Zacatecas, and Oaxaca, most found work in one of the numerous foreign owned factories. Several of the women still have family back in the *pueblos* and ranches and sometimes visit during holidays or when family members become ill. A lot of the women arrived in Colonia Plutarco 15-20 years ago before roads, electricity, water, or sewers extended that far south from the city center. Families lived in pallet or wood houses, using latrines and small propane cookers. Though all were poor in the countryside, in Juárez urban poverty engulfed them as money became essential for everything, travel to work took between one and two hours by bus, and they lived in a community of other migrants, like themselves, who were uprooted from all that was familiar. They knew no one outside of the immediate family members who traveled with them to Juárez. As the women bore children, most chose to leave the factory work. While work that is closer to home has more flexibility, like selling small goods or cooking from home, it also pays considerably less than the $1.00 an hour they could earn at the factories.

Like women everywhere, the women of CMT Plutarco have dreams and can identify problems in society and their homes. Unlike women elsewhere, these women have the Center where they can share their dreams and work together to eliminate problems and make the place they live more meaningful. Unlike those who use Juárez as a stopover on their way further north, the women of CMT Plutarco call Juárez home. They work to transform society through transforming themselves, their families, and their community.

As a group the women identify unemployment, violence, and the disenfranchisement of women in society as key problems. With unemployment comes the uncertainty of being able to care for children and family. Violence exists not just in the streets or between drug cartels, but in their homes as women experience both physical and sexual violence at the hands of their husbands. As they speak about the economy, the women recognize that poverty and unemployment occur because of the Mexican dependence on the U.S. economy. Poverty persists, they explain, because the Mexican government chooses to do nothing for the people. As poverty continues, violence rises as people commit crimes to provide for their families and to alleviate the pain and humiliation that accompanies impoverishment.

As the women work to eradicate these problems they ask themselves and each other, what is my capacity? What is my mission? Through sharing answers to these questions and in the building up of leadership and organizational skills, the women build self-confidence and through this value themselves more than society deems them worthy.

Prior to the Center, the women experienced isolation and very little autonomy. They left their homes only to work, to shop, or to take their children to school. Despite living close to one another, very few of the women knew each other before participating in the Center. The Center, with its numerous activities and mission, draws them from their homes. Once strangers, the women of CMT Plutarco are knit into a tight circle that now supports one another. The Center is their home.

Because of the bleak economic reality, the women all struggle to provide for their families. Because of the empowerment they feel through the Center, they developed two initiatives that help to improve their own economic reality. Weekly the women operate a *dispensa* or small food pantry. Each brings a needed item and one member, on a rotating basis, takes home the collected items. The women have also started a sewing collective through their self-named project *Mujeres en Busca de un Futuro Mejor* (Women in Search of a Better Future). With funds they acquired through a private gift, the women seek out sewing contracts through local schools for uniforms, from musical groups that need costumes, or from families that need attire for special events such as *quinceneras* or weddings. In addition to the income, the women are learning valuable skills such as sewing and business negotiations. However, they also provide the local community a needed service because they are able to sell their work for less than the shops. The money that is earned supports the Center and the project while also providing income for the women themselves.

Through these projects, the women act as family to one another and also enact interdependence.

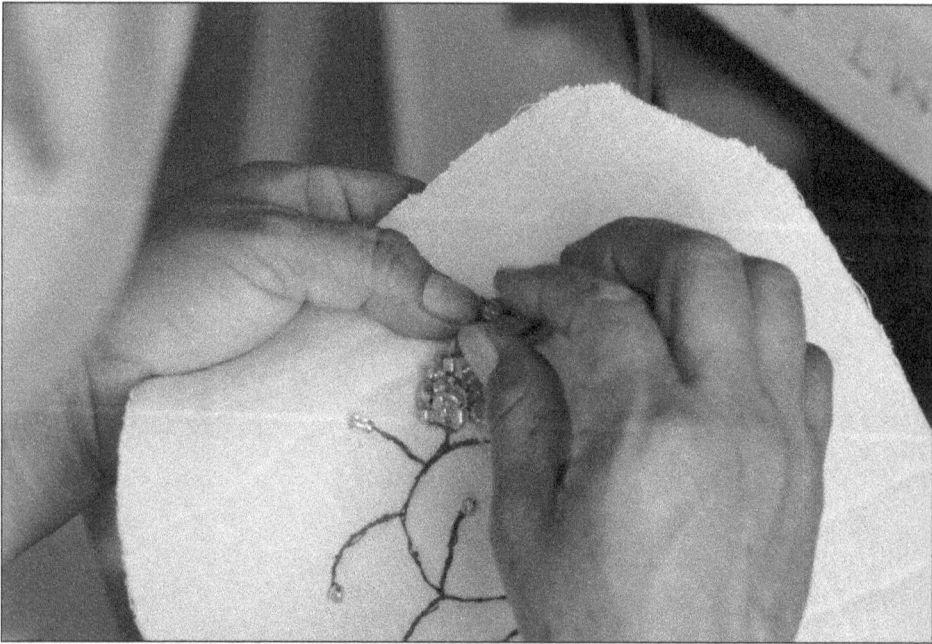

The center offers security. The center offers security as a Mexican and as women. We are equal to the man. We have value as women.

El Centro ofrece seguridad como mexicanas y como mujeres. Nosotras somos iguales que los hombres, tenemos valor como mujeres.

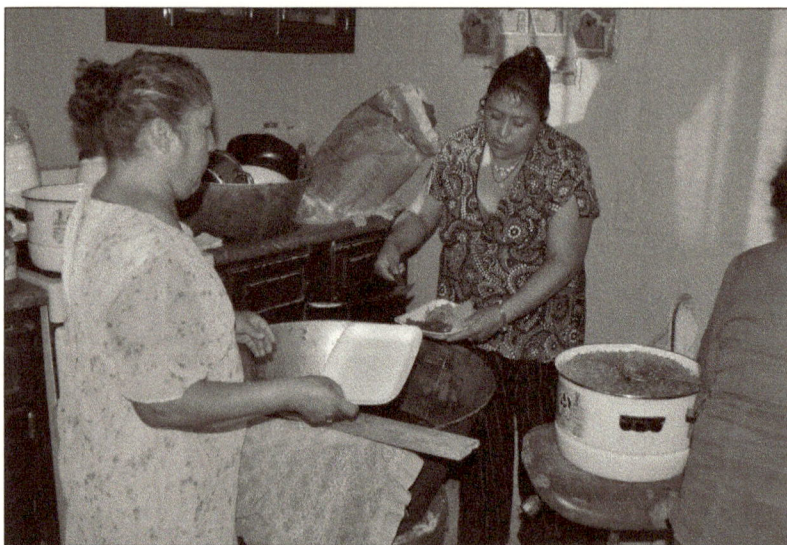

Now we speak about a lot of things. Problems, children, etc. We help each other a lot. We have friendship, confidence. All of us are friends.

Ahora nosotras hablamos de muchas cosas. Problemas, niños, etc. Nos ayudamos mucho unas a otras. Tenemos amistad, confianza. Todas somos amigas.

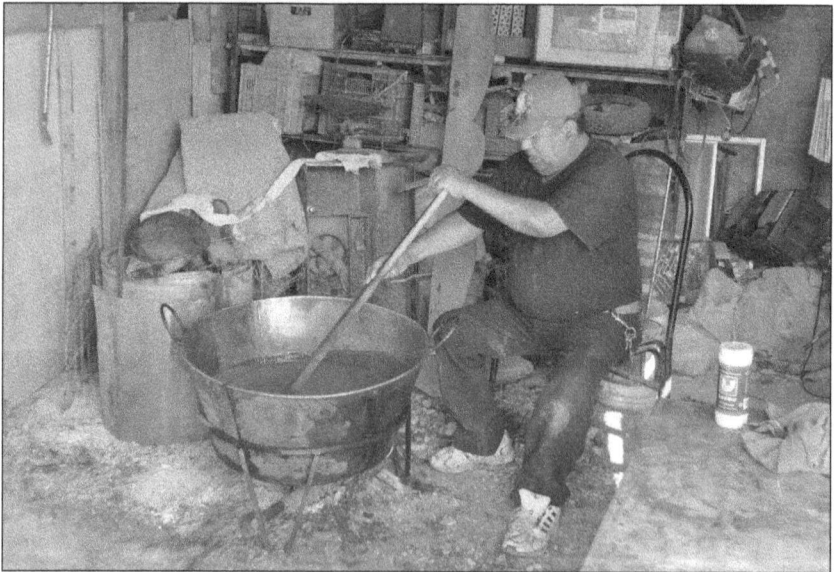

In Durango, all the food is grown there. The food is fresh, but here it is on ice and we don't know how old it is and how many days it has been there.

En Durango, toda la comida crece ahí, la comida es fresca, pero aquí está congelada y no sabemos qué tan vieja es y cuántos días ha estado ahí.

The Children

The children of the women of Centro Mujeres Tonantzin (CMT) Plutarco act like children everywhere. They invent games, avoid homework, crave sugar, and tease each other endlessly. They also have mothers who work tirelessly for their wellbeing and success. Like other children in Juárez and in the *colonia*, they attend school only four hours a day and are allowed very little independence because of the violence that blankets the streets. Even though Mexico offers free education through elementary school, parents must provide uniforms, supplies, and daily transportation to and from school. For the women of CMT Plutarco, free education seems anything but free. By law children must stay in school until ninth grade, but only 60% of the population of Juárez has completed sixth grade. An estimated 80,000 teenagers aged 12 to 16 are not in school. Middle and high schools charge tuition and fees equal to approximately two-hundred dollars per academic year. Tuition and fees coupled with the costs of uniforms, supplies and the distance of the schools from Plutarco, makes attending school a privilege for those with means rather than a right for all. Yet, in the growing competition of the job market, education is a necessity. Without education beyond elementary school, there is no hope of work, especially in Juárez, and without money there is no hope of education. The mothers' concerns are real; with jobs scarce and education expensive, the gangs and drug sellers have the advantage in the recruitment of young people who see no other future.

The mothers of CMT Plutarco hope that with the help of the Center, they can offer their children and the children of the *colonia* a clear vision for staying in school and a means by which to achieve it. Through their participation in the Center, the women receive scholarships to help pay for their children's education. The children of the Center help their mothers to clean the gullies and they participate in weekly activities where they have their own teacher. They do crafts, play games, and have parties. In the summer weeks, the women organize a day camp where basic academic skills are rehearsed in addition to having recreational activities and refreshments. In turn, the women learn about parenting and how to speak with their children.

As with mothers everywhere, their children are the most important parts of their lives. In the case of the women of CMT Plutarco, the children dramatically embody the reason they must hold out hope. Through their action, the women create a place that holds meaning and a story that explains their lived reality while creating change so their children can participate in the construction of their own story.

For the children, it is very majestic on the ranch because all of the people know them. The children are very free. There, the children can go to school by themselves, but here we must walk them to school because it is very dangerous.

Para los niños es muy seguro en el rancho porque toda la gente los conoce. Los niños son muy libres. Ahí pueden ir solos a la escuela pero aquí nosotras debemos llevarlos a la escuela porque es muy peligroso.

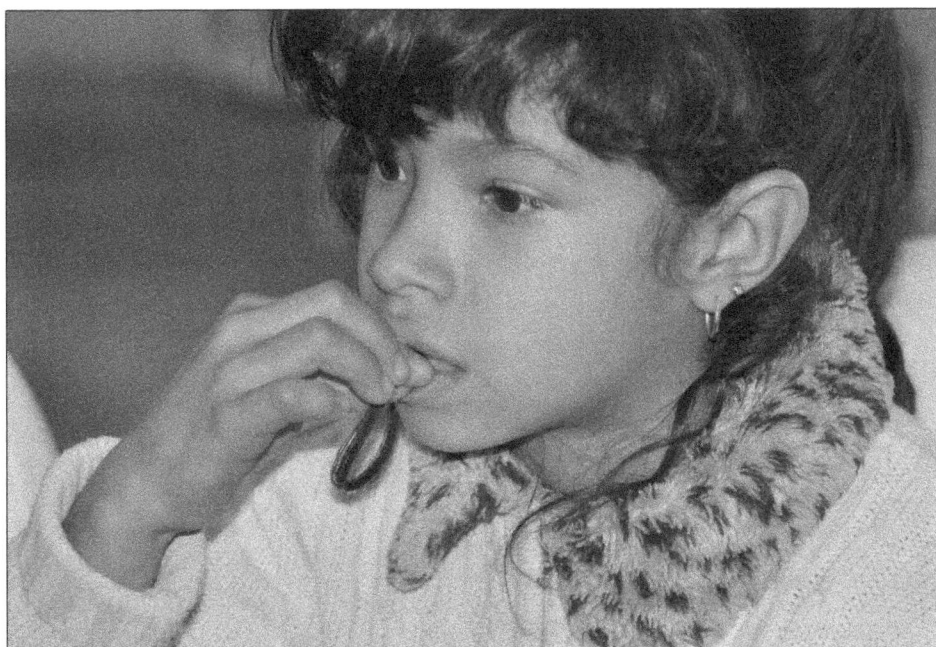

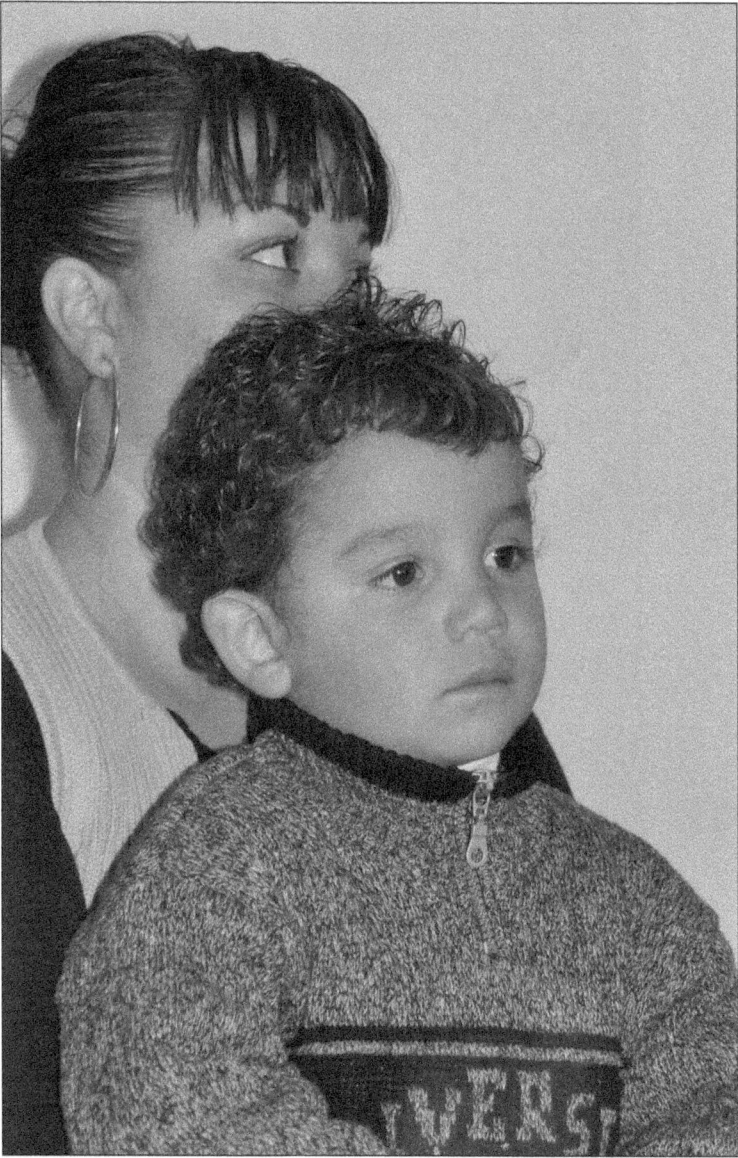

I wait with hope.
Yo espero con esperanza.

Mujeres al Rescate

Caminando caminando
Respetando a las demas
Al centro rescataremos
Con cariño y hermandad

El Centro es nuestra casa
Lo debemos respetar
Inculcando a nuestros hijos
La responsabilidad

Petrita es el ejemplo
Para salir adelante
Pues ella es el estandarte
Para que nada nos falte

Los jovenes ya caminan
Hacia un futuro mejor
Realizando con orgullo
El trabajo de ocación

Los niños con sus mamás
A los talleres los llevan
Para que ahí se diviertan
Con los juegos que les prestán

Las rifas y actividades
Seguiremos realizando
Comprometiendonos todos
Para seguir cooperando

Una invitacion se hará
En nuestra comunidad
Si nos quiere acompañar
Bienvenida usted será.

Women to the Rescue

Walking, walking
Respecting others
We will rescue the center
With love and brotherhood

The Center is our home
We should respect the center
Instilling into our children
Responsibility

Petrita is the example
That helps us get out of the conditions
In which we find ourselves.
She is the symbol
That shows us that nothing
Will be lacking in our lives

The young people doing with pride
The work that needs to be done

The mothers take their children
And there they have fun
With the games they are given

The contests and activities
We will continue to make
Committing ourselves
To keep on cooperating

An invitation will be given
In our community
If you want to accompany us
You will be welcome.

Women of Centro Mujeres Tonantzin Plutarco
February 21, 2011

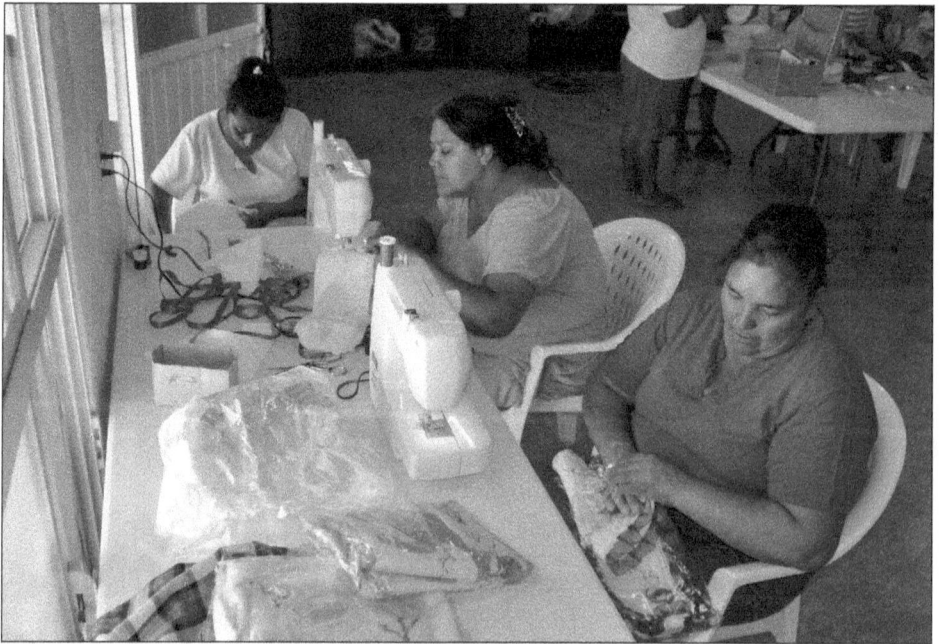

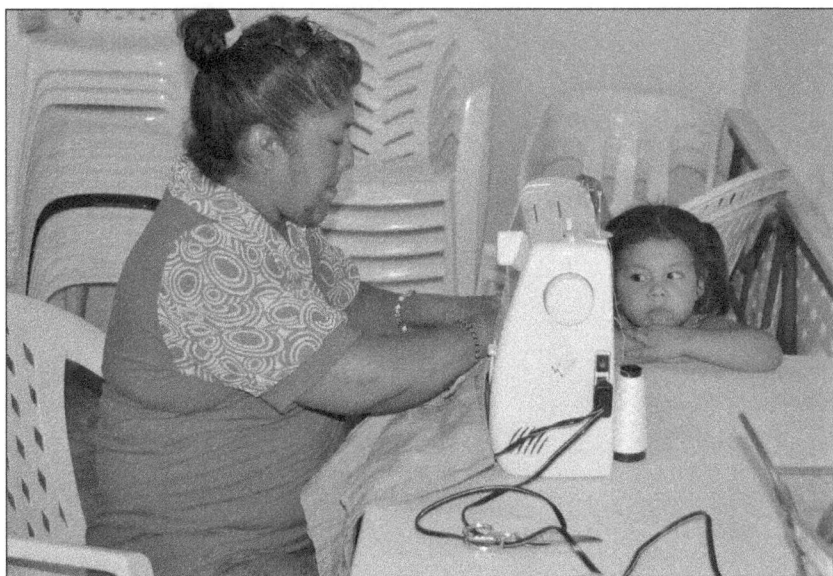

"Yo Soy de…"
por Carmen

Yo soy de amanecer corriende con escoba por la casa.
Soy de ceramica y espejos con jardines en el frente
Soy muy verde como el arbol de fresno con sus ramas que
      recuredo como si fueran mis piernas.

Soy del campo y andariega
Soy de Monisi y Aidelina.
Soy de café en la mañana y platicas en la tarde.

Soy de brinco y brincos por el patio de mi casa.
Soy de fiestas navideñas
Soy de escalones y pastorelas mexicanas
Con un pan en la mañana
A partir de ser chiquilla persiguiendo mariposas
     y jugando por el campo
En mi cama las cobijas son arruyo para mi corazon.

Soy del valle, desde ahora solitaria por la vida
y espero compañia de mis hijas y sus hijos.

I am from dawn running through the house with a broom
I am from dishes and mirrors and gardens in the front
I am a very green Ash tree whose long limbs I remember as if they were
    my own.

I am from the country and of wandering
I am from Monisi and Aidelina
I am from coffee in the morning and conversations in the afternoon

I am from skipping and jumping on the patio of my house
I am from Christmas celebrations
I am from school and Mexican music
with bread in the morning
In my bed the covers are lullabies for my heart.

I am from the valley, but now I find myself alone in life
I await to be accompanied by my daughters and their children.

"Yo Soy de…"
por Cata

Yo soy de aire y la mesa.
Soy de ventana y puertas.
Soy de agua.
El arbol cuya larga extemidades ido recuerdo com si fueran mios.

Soy de amor y cariño
Soy de Perla y Santiago.
Soy de costumbres y creatividades y de seguridad.

Soy de compasión y amor y cariñosa.
Soy de creencias.
Soy de sur y recuerdos y pan.
A partir de Santiago es humilde somos unidos en un cofre.

Soy de desposición.
Soy de cariño.

Soy humilde, cariñosa, eso espero.

I am from air and the table
I am from the window and doors
I am from water
I am the tree whose long limbs I remember as if they were my own.

I am from love and affection
I am from Perla and Santiago
I am from customs and creativity and security

I am from compassion and love and blessings
I am from faith
I am from the south and memories and bread
A part of Santiago is humility we are united as if we were in a jewelry
    box.

I am from order
I am from affection

I am humble and tender, I hope.

"Yo Soy de…"
por Elizabeth

Yo soy de rutinas
      y relojes.
Soy de flores y alajeros.
Soy de rosas
El moro cuya larga extremidades
      ido recuerdo como si fueran mios.

Soy de reuniones y musica
      de hijos y padres.
Soy de descansos y trabaja
      y de telenovelas.

Soy de inquietudes y alegrias
      y ositos de felpas
Soy de paseos
Soy de aguas y flautas
      y tamales verdes
A partir de mi abuelo carinosa,
      cenas navidenas, con amor.

Soy de alegres dias.
Soy de tranquilas dias.

I am from routines and watches
I am from flowers and jewelry
I am from roses
The berry bush whose large branches I remember as if they were my
own.

I am from reunions and music of my children and parents.
I am from resting and work and from *telenovelas*.

I am from troubled and happy times and teddy bears.
I am from walks
I am from water and flautas and green tamales.
I am a part of my grandmothers's loving affection, Christmas dinners,
and of love.

I am from happy days.
I am from tranquil days.

"Yo Soy de…"
por Irene

Yo soy de un pequeño pueblo con grandes paisajes
      con aroma a flores y verdes valles.

Soy de una casa pequeña con dos hijos pero con
amor de familia y trabajo todos tratamos de progresar.
Soy como la flor sivestre como el pino verde del
jardin que de pie soporta tempestades
pero en sus ramas alberga el hogar de aves silvestres.

Tengo piel morena y amor familiar
      y todos los domingos nos gusta platicar.

Soy de Durango y mexicana por convicción
      amo a la tierra y ami ciudad
pero lo que mas quiero es mi familia por quien doy mi corazon.

De mis padres aprendi en el campo a trabajar
      y ahora en la ciudad trabajo en comunidad.

Soy esposa y madre y mi ciudad quisiera cambiar
      y con el trabajo de todos lo vamos a lograr.

I am from a small town with grand landscapes with
the aroma of flowers and green valleys.

I am from a small house with two sons with the love
of family and where we all work to improve.
I am as a sylvan flower as green pine of the garden
whose roots endure the storm but in whose branches protect the
home of the wild birds.

I am dark skin and family love
And every Sunday we love to visit.

I am from Durango and a Mexican with conviction
I love the country and the city
But I want more for my family to whom I give my
heart.

I am from parents I know worked hard in the field
and now in the city I work in community.

I am a wife and mother
And my city desires to change and will all our work
we can attain it.

"Yo Soy de..."
por Lala

Yo soy de andar en frieja con jabon en la cocina con
    ceramica en la mesa.
Soy azucena con peral cuyas extremidades
    Recuerdos como si fueran las mias.

Soy de paseo y dias de campo de Idolina y Pablo en
    la mesa.
Soy de riego y clara conociendo a dios desde nino.
Soy de festejar los cumpleanos.
Soy de Durango y San Gabriel.
Con leche por la manana
A partir de andar de vaga me rompi las manos.
Cuando nacieron mis hijas para mi son un tesoro
Como mis fotos de novia en la pared.
Soy de mi cuarto.
Soy cortina de mi casa
    y la luz de mi hogar para mi familia.

I am about scrubbing with soap in the kitchen with
     dishes on the table.
I am the Madonna Lily and a pear tree whose long
     branches I remember as if they were my own.

I am from the walks and days on the ranch of
     Idolina and Pablo at the table
I am from rivers and brightness
Knowing God since childhood.
I am from birthday celebrations
I am from Durango and San Gabriel
With milk in the morning.
While wandering about, my hands I broke.
My daughters are a treasure to me,
Just like the photo of me as a bride
     that hangs on my wall.
I am of my room.
I am the curtains of my house
     and the light of my home for my family.

"Yo Soy de…"
por Ma. Luisa

Yo soy de la casa chica y aire fresco
Soy de la casa verde y patios chicos.
Soy de la bella rosa y del arbol grande.

Soy del buen humor y la tranquilidad
     de hermanos y familia grande.
Soy de la tranquilidad y respeto
     y de la unión.

Soy del amor y la creencia y de
     la hormiguita en la pancita.
Soy de la convivencia.
Soy de la lluvioso y verde pueblo
     y de la sangre española y de la tradición de
     festejar.

Soy de buenos momentos.
Soy de trabajo y de la tranquilidad ciudad sin el
     diario correr.

I am from a small house and fresh air
I am from a green house with a small patio.
I am from the beautiful rose and the large tree.

I am from the good humor and tranquility
That my brothers and sisters and large family give.
I am from tranquility and respect and from union.

I am from love and beliefs
And from the ant in the bread.
I am from living together and a lush town
And the Spanish blood and the traditions of
        celebrations.

I am from good moments
I am from work and from a quiet city without the
        daily urban rush.

"Yo Soy de…"
por Sra. Maria

Yo soy de amor y vaso de vidrio
Soy de paredes y puerta abiertas
Soy de agua
El arbol cuya larga extremidadeido recordando
     como si fuera mio.

Soy de discusiones y distancia mientos.
Soy de creatividad y humilidad y de confianza.
Soy de amor y cariño
Soy de creencias familiares
Soy del sur
Soy de la sopa.
A partir de Emilia es humilde y caritativa
Somos felices en esos momento
En mi cuadro de mi pared recuerdo de los
     momentos felices

Soy de disposición
Soy de amor eso es lo que espero y quiero que
     meden.

I am from love and a glass vase.
I am from walls and open doors.
I am from water
I am a tree whose long limbs I remember as if they
       were mine.

I am from isolation and solitude.
I am from creativity and humility and confidence.
I am from love and caring.
I am from family beliefs.
I am from the south.
I am from soup.
From Emilia who is humble and benevolent.
We are happy in these moments
On the wall in my room I have memories of happy
       moments.

I am from order
I am from love that is hope.

"Yo Soy de…"
por Vicente

Yo soy de fresco amanecer y de la espuma
Soy de espejos y marmol
Soy de agua.
El peral cuyas extremidades recuerdo com se fueran
      las mías.

Soy de fiestas y dias de campo
Soy de Lorena y Lola.
Soy de familia y comida
      y de cenar.

Soy de chaparra y travieza en timbiriche
Sou de Navidad
Soy de Juarez y Durango y Mexicana.
A partir de Elisa y jugar a las casitas con pastel de
      chocolate
En mi cama con fantasmas de la noche.
Que habita en mi corazón roto
      por el paso de lavída
y espero ser feliz
y ver féliz a mi familia como
Soy hasta el día de hoy.

I am made out of a cool morning.
I am from mirrors and marble
I am from water
I am the pear tree whose long limbs I remember as
        if they were my own.

I am from parties and days in the country
I am from Lorena and Lola.
I am from family and lunch and dinner.

I am from the oak and work in the small store
I am from Christmas
I am from Juarez and Durango. I am Mexican.
From Elisa and a play house with chocolate cake
In my bed with phantoms of the night
        dwelling in my broken heart
        by the passage of life
and I hope to be happy
and to see my family happy
as I am up until this day.

"Yo Soy de…"
por Yolanda

Soy de la charla amorosa y soy de agua.
Soy de brillantes colores y aroma soy de las flores
Soy de la planta raíz.
El dulce fruto del arbol cuya larga extremidades
        ido recuerdo como si furean mios.

Soy de la unión y el amor de mis hijos y mi esposo.
Soy de rezos y limpieza y do poca pereza.

Soy de sueños y creencias y sabidurio.
Soy de festejos.
Soy de Durango y mexicana
        y soy frijol y maiz.
A partir de mis abuelos
        que ejemplos son de grandeza reviven en mi cabeza.
Anhelo de bellos recuerdos.

Soy de trabajo duro.
Soy de paz el futuro.

I am from loving chitchat and I am from water.
I am from brilliant colors and I am from the
        flowers.
I am from the root of the plant.
I am the sweet fruit of the tree whose long limbs I
remember as if they were my own.

I am from the union of the love of my sons and
        spouse
I am from prayers and cleaning and a little laziness

I am from dreams and faith and wisdom.
I am from celebrations
I am from Durango and I am Mexican
And I am beans and rice.
I am part of my grandparents whose examples are
        so grand they come alive in my head.
I am of eagerness of beautiful respect.

I am from hard work.
I am from future peace.

Recommended Reading

Bacon, David. 2004. *The Children of NAFTA*. Berkeley, CA: University of California Press.

Castañeda, Antonia, et. al. eds. 2007. *Gender on the Borderlands: The Frontiers Reader*. Lincoln, NE: University of Nebraska Press.

Fregoso, Rosa Linda. 2003. *MeXicana Encounters: The Making of Social Identities on the Borderlands*. Berkeley, CA: University of California Press.

Fregoso, Rosa-Linda and Cynthia Bejarano, eds. 2010. *Terrorizing Women: Feminicide in the Américas*. Durham, NC: Duke University Press.

Ganster, Paul and David E. Lorey. 2008. *The U.S.-Mexican Border Into the Twenty-First Century* 2e. New York, NY: Rowan & Littlefield Publishers, Inc.

Herzog, Lawrence A. ed. 1992. *Changing Boundaries in the Americas: New Perspectives on the U.S.-Mexican, Central American, and South American Borders*. San Diego, CA: Center for U.S.-Mexican Studies at the University of California San Diego.

Herzog, Lawrence A. ed. 2000. *Shared Space: Rethinking the U.S.-Mexico Border Environment*. San Diego, CA: Center for U.S.-Mexican Studies at the University of California San Diego.

Herzog, Lawrence A. 1990. *Where North Meets South: Cities, Space, and Politics on the U.S.-Mexico Border*. Austin, TX: Center for Mexican American Studies University of Texas at Austin.

Kingsolver, Ann E. 2001. *NAFTA Stories*. Boulder, CO: Lynne Riener Press.

Livingston, Jessica. 2004. "Murder in Juårez: Gender, Sexual Violence, and the Global Assembly Line." *Frontiers*. 25(1): 59-76.

Marchand, Marianne H. 2004. "Neo-liberal Disciplining, Violence and Transnational Organizing: The Struggle For Women's Rights in Ciudad Juarez." *Development.* 47(1): 88-93.

Mize, Ronald L. and Alicia C.S. Swords. 2011. *Consuming Mexican Labor: From the Bracero Program to NAFTA.* Toronto, Ontario: University of Toronto Press.

Muñoz, Carolina Bank. 2004. "Mobile Capital, Immobile Labor: Inequality and Opportunity in the Tortilla Industry." *Social Justice.* 31(3): 21-39.

Peña, Devon. 1997. *The Terror of the Machine.* Austin, TX: CMAS Books.

Peña, Milagros. 2007. *Latina Activist across Borders: Women's Grassroots Organinzing in Mexico and Texas.* Durham, NC: Duke University Press.

Price, Patricia L. 2004. *Dry Place: Landscape of Belonging and Exclusion.* Minneapolis, MN: University of Minnesota Press.

Salzinger, Leslie. 1997. "From High Heels to Swathed Bodies: Gendered Meaning Under Production in Mexico's Export-Processing Industry." *Feminist Studies.* 23(3): 549-574.

Salzinger, Leslie. 2004. "From Gender as Object to Gender as Verb: Rethinking how Global Restructuring Happens." *Critical Sociology.* 30(1): 44-62.

Segura, Denise A and Patricia Zavella, eds. 2007. *Women and Migration in the U.S.-Mexico Borderlands: A Reader.* Durham, NC: Duke University Press.

Staudt, Kathleen. 1998. *Free Trade? Informal Economies at the U.S.-Mexico Border.* Philadelphia, PA: Temple University Press.

Staudt, Kathleen. 2001. "Informality Knows No Borders? Perspective from El Paso-Juårez." *SAIS Review.* 21(1): 123-130.

Vila, Pablo ed. 2003. *Ethnography at the Border.* Minneapolis, MN: University of Minnesota Press.

Spanish Translation
by
Sor Aurora Isabel Ramirez

Prólogo

El presente libro escrito por la Doctora Emma G. Bailey, Profesora de Sociología de la Universidad Oeste de Nuevo México, es un testimonio de lo que las personas que no han tenido suficientes oportunidades de educación, pueden lograr. Y no sólo para ellas mismas sino también para su familia, su comunidad y a pesar de ser algo tan pequeño, para contribuir a la transformación de la sociedad.

Como afirma la Dra. Bailey este es el estudio sociológico de una frontera, cuya economía depende fundamentalmente de los vaivenes de la economía norteamericana, *lugar, sentido y poder*, y de un grupo de mujeres que no podían vivir en un lugar sin sentido.

La historia de Juárez, fundamental para conocer el contexto de esta historia, es minuciosamente analizada y narrada desde adentro, desde la inserción que la Dra. Bailey ha hecho para ser parte de este grupo, para entender desde el corazón y participar en la construcción de esta nueva historia.

Para narrar la experiencia, la Dra. Bailey da la palabra a las protagonistas de la historia.

El relato de esta experiencia muestra cómo las personas de una comunidad van creciendo en conocimiento y confianza en sus posibilidades como personas y como grupo para crear nuevas condiciones de vida, una vida más humana, más plena.

Las Hermanas de la Caridad del Verbo Encarnado a través del Centro Mujeres Tonantzin, han colaborado con las mujeres para que ellas puedan afirmarse en su dignidad, descubrir sus posibilidades y ponerlas en práctica. Una actividad fundamental fue su constante trabajo comunitario para limpiar y sembrar árboles en las calles más abandonadas de su comunidad afrontando las críticas de sus vecinos que poco a poco fueron apreciando y colaborando con la limpieza de su lugar porque tienen derecho a vivir en un lugar digno y hermoso.

El Centro Comunitario en el que se reúnen ha pasado a ser su segunda casa en la que pueden encontrar su espacio de encuentro, formación y celebración. Tienen como guía la lectura comunitaria de la Biblia que interpretan desde su experiencia y que da a su vida sentido y sabor.

La Dra. Bailey ha sido testigo y colaboradora en su proceso de crecimiento porque desde su gran sensibilidad ha sabido apreciar y confiar en las posibilidades de las mujeres de estos grupos, en sus valores y en sus increíbles recursos.

Esperamos que la lectura de este testimonio anime a otras Comunidades en proceso de crecimiento y también a todas las personas y organizaciones solidarias que las acompañan.

—Ivonne Ramírez Arroyo
Hna. De la Caridad del Verbo Encarnado

Introducción

La frontera me encuentra desaprevenida por su magnitud, su transición, su vacío y su significado. No puedo comprender el contraste entre dos mundos que marcan la realidad de este siglo XXI.

Hoy Juárez nos asusta con su presencia y el monstruo que pensamos ha llegado a ser—una ciudad que da lugar a traficantes de droga, trabajadoras sexuales, inmigrantes ilegales potenciales y aquellos que han tomado nuestros empleos en la manufactura y aceptan trabajar por una bicoca pero que obviamente no trabajan suficientemente duro porque hay mucha pobreza allí, demasiada pobreza para que Juárez sea una ciudad que debemos tomar seriamente.

A pesar de todo lo que nos disgusta seguimos tomando lo que queremos: bienes baratos, drogas baratas y tequila barato. Nos escondemos detrás de la agradecida democracia de nuestras vidas y por la patrulla fronteriza que conserva a Juárez a raya porque esa ciudad no es nuestra.

Estoy inmersa en la frontera queriendo ver más allá de esta caricatura de una ciudad torcida. Así fue que en 2006 pagué mis primeros 35 centavos y me uní a los trabajadores y comparadores a diario que cruzan a pie la frontera hacia Juárez. Nadie se fijó en mí, sin embargo mientras caminaba en el puente un cambio ocurrió y me conveñen ese momento en una forastera en tierra extraña y ciudadana de la misma nación que la creo.

Pasé tan libremente a Juárez. Siempre con el temor que mis familiares sienten por mi cuando cruzo la frontera pesandome fuertemente. La muerte y destrucción vienen a nuestras vidas a través de las noticias de la tarde y en los artículos de las primeras planas y dejan nuestro hogar cuando llevamos el periódico al reciclaje.

Esos reportes no llegan a la realidad. La sensación de drogas, dinero y muerte, vende. En la venta y compra de esta mala representación fallamos en crear una conexión con aquellos que viven en las imágenes que aparecen en nuestras pantallas.

Cruzando la frontera de regreso a los EE.UU. me enojo cada vez. A

pesar de que se requieren los pasaportes de los ciudadanos de EE. UU, hay preguntas que asumen que somos parte de las historias escandalosas en las noticias. Todos son considerados culpables y se debe probar la inocencia aún con los documentos oficiales.

Desde 2006 he cruzado de El Paso a Juárez más de 100 veces. Cada vez me doy cuenta de la inadecuada comprensión que tenemos de Juárez y de la vida que se ha creado ahí a través del dominio de EE. UU. La viveza y la esperanza de las mujeres del Centro Mujeres Tonantzin Plutarco, me atrae. Sus vidas me llaman a ser una socióloga más crítica, no satisfecha con simplemente explicar la realidad social, sino una que busca y exige cambio. Sus vidas me invitan a ser una mejor profesora para que la siguiente generación de graduados detengan la repetición de la historia que empezó en 1848. Las vidas de estas mujeres se dejan fuera de las noticias de la tarde y de los artículos de las primeras páginas. Sin embargo, es la historia de sus vidas la que necesitamos conocer si queremos entender la frontera y nuestra parte en ella. Así que, aquí está una parte de su historia, contada a través de mis ojos, descansando pesadamente en las partes de sus vidas que han compartido con tanta riqueza. Sin ellas, este proyecto no sería posible. Sin ellas, mi vida no sería tan plena. Con todas las mujeres del *Centro Mujeres Tonantzin Plutarco*, estoy eternamente en deuda. Y a Alicia Edwards, cuyas fotografías captan y cautivan, mi respeto y gratitud.

Principio

En marzo del 2006, participé, en la Ciudad de México en el Foro Mundial del Agua. El Foro, financiado por el Consejo del Agua en el mundo, busca tener un mundo con agua segura. En el pasado el Foro había sido un lugar de protesta contra la privatización del agua y por estas protestas e interrupciones el Foro ha dejado fuera a los activistas. En 2006, hubo una sesión dirigida hacia las políticas y los niveles del Estado como sesiones sobre el trabajo de grupos locales u organizaciones. Yo asistí a una sesión de Higiene y Saneamiento de las Mujeres donde 4 grupos locales presentaron su trabajo y el impacto de éste. Tres de las organizaciones eran de los países de Oriente y uno de Ciudad Juárez, México. Unas religiosas de las Hermanas de la Caridad del Verbo Encarnado ilustraron el trabajo que empezaron con las mujeres en Comunidades pobres usando un sistema de sanitarios ecológicos secos o toilets composta. Encantada de que este trabajo estuviera sucediendo e igualmente encantada de saber que esta actividad estaba cerca de mi casa, me acerqué a las hermanas después de la presentación y les pregunté si podía visitarlas y ver el trabajo que estaban realizando. Ese verano pasé el primero de los que se convertiría en cientos de días con las mujeres de el Centro Mujeres Tonantzin.

Lugar

Las fronteras no tienen sentido sin las personas. A través de quienes tienen el poder sobre la política y la economía el significado de las fronteras cambia y también nos cambia. Las fronteras se construyen y a su vez construyen nuestra realidad.

El estudio sociológico de la frontera implica el estudio del lugar que tenemos ante nosotras, lugar que nos cambia y nos dice quién y qué podemos llegar a ser.

El estudio sociológico de la frontera implica también el estudio del poder. Aquellos que tienen la habilidad de hacer decisiones que afectan nuestra vida diaria sin importar nuestra propia voluntad. Ellos imponen relatos que explican las circunstancias y la historia que nos conduce a este tiempo. A menudo creemos esas crónicas y a la vez aceptamos cómo hemos sido construidas. Porque las fronteras se construyen y a la vez nos moldean y porque el significado es dictado y formado, es posible vivir en un lugar sabiendo que quien cada una es y lo que quiere llegar a ser es truncado por fuerzas más allá de nuestro control y que la historia contada no explica la realidad que vivimos.

No podemos vivir en un lugar aparentemente sin sentido. Este es el estudio sociológico de una frontera, lugar, sentido y poder, y de un grupo de mujeres que no podían vivir en un lugar sin sentido. Esta no es una narrativa de triunfo. Es más un dar cuenta de las dificultades para crear un lugar y cómo esas mujeres crean un lugar, ellas encuentran la manera e inauguran un cambio.

Juárez

Nada acerca de la frontera México EE.UU. permanece estancado. En la medida que los políticos y los hombres de negocios buscan una posición, la definición de la frontera cambia.

A causa de su fortaleza política y económica los EE.UU. tienen más poder sobre la frontera que México, y su gente permanece dominada por la visión colocada fuertemente por las noticias nacionales e internacionales de EE.UU..

Porque en su disparidad de poder el gobierno mexicano no puede responder a las declaraciones y políticas como iguales, lo que deja al desarrollo económico de México y la caracterización de su gente en las manos del gobierno y los Medios de EE.UU.

Conocido hasta 1888 como Paso del Norte, Cd Juárez sirvió como un paraje y una ruta de comercio para ambos lados. No fue sino hasta los años de la ley seca en EE.UU. de 1920 a 1933 que Juárez se convirtió en un destino para los turistas de EE.UU.. Juárez tentaba, invitaba y llamaba gente del norte para diversión y frivolidad.

El entretenimiento al estilo mexicano era fácil, barato y accesible. En 1924 los EE.UU. instituyeron la patrulla fronteriza cambiando la frontera de una área agradable donde familias, trabajo y vida se movían naturalmente a un lado y a otro, a una línea de estricta demarcación cambiando a los mexicanos de compradores y trabajadores de granjas en fugitivos.

En la agonía de la 2ª Guerra mundial los EE.UU. cambiaron la definición de la frontera nuevamente. La razón para el cambio fue doble: la necesidad de una confiable fuerza de trabajo y el deseo de trabajadores "legales". EE.UU. y México entraron en el Programa Bracero el cual aseguraba trabajo para que los mexicanos pudieran laborar en granjas, ranchos y el ferrocarril.

Una vez más las poblaciones fronterizas se convirtieron en importantes lugares de paso mientras miles de migrantes de los estados del sur pasaban por ahí. Juárez- El Paso vieron pasar más de 80,000 braceros al año.

Al término del programa en 1964, millones de mexicanos habían venido a los EE.UU. a trabajar. Durante este mismo período los EE.UU. también repatriaron cientos de mexicanos que habían encontrado trabajo en EE.UU. sin documentación apropiada. En 1954 la operación "Espaldas Mojadas", un programa del Gobierno Federal de EE.UU. deportó un millón de mexicanos que vivían y trabajaban en el país.

El Programa Bracero y la Operación Espaldas Mojadas alteraron la economía y vida social de las poblaciones de la Frontera. A causa de la repatriación miles de mexicanos se encuentran sin empleo en las comunidades de la frontera mexicana.

Para reducir los altos niveles de desempleo en sus ciudades de la frontera que acompañaron el término del Programa Bracero, México introdujo el Programa de Industrialización de la Frontera en 1965. Este programa permite a los empresarios foráneos o plantas ensambladoras (conocidas como maquiladoras o maquilas) ser construidas en México a 62 millas de la frontera con EE.UU.. Mientras miles de trabajadores eran empleados, las compañías foráneas ciertamente ganaron porque ellas podían pagar salarios muy por debajo de aquellos de su país de residencia y porque los materiales y partes eran traídos a México libres de impuestos y los bienes ensamblados en México fueron exportados con un impuesto al valor agregado. Con la firma del Tratado de Libre Comercio en 1994, las compañías de EE.UU. ganaron grandes ventajas. El TLC ha permitido a las compañías de EE.UU. socavar a los campesinos mexicanos con comida importada libre de aranceles.

Así como iban bajando los precios de la comida y aumentando las oportunidades de trabajo a lo largo de la frontera, más de 2 millones de mexicanos, que fueron forzados a abandonar la producción agrícola, miraban hacia el Norte por oportunidades de empleo abandonando su tierra para hacer el camino.

Como resultado, Juárez experimentó un increíble crecimiento de población de 798 000 en 1990 a 1.5 millones actualmente. 50,000 nuevas personas llegaban cada año a Juárez con 60% de sus habitantes nacidos en otros estados.

Así como crecía la población, así crecía la necesidad de casa y servicios. Los vecindarios, (colonias en español que significa tanto vecindario como comunidad y área residencial) que carecían de servicios públicos se estiraban subiendo las montañas hacia el Poniente, Sur y Oriente.

Mientras la ciudad crecía, así aumentaban las colonias y mucha, mucha gente se encuentra en esas colonias sin pavimento en las calles, algunas veces sin agua corriente, servicios sanitarios o electricidad y acceso limitado a los transportes públicos.

Las colonias cambian y se desarrollan en la medida que las personas ganan recursos. Una pila de paletas pronto se convierte en casa, quizá más tarde se añaden o reemplazan con blocks de cemento cuando se gana más dinero.

Estos vecindarios están en una situación de flujo las construcciones avanzan desde las paredes hasta los techos esperando por más dinero para construir mientras las llantas se convierten en paredes y escalones que detienen la tierra.

En Juárez, alrededor de 170,000 personas trabajan como obreras en aproximadamente 340 fábricas pertenecientes a EE.UU., europeos y japoneses recibiendo alrededor de un dólar la hora, dos veces el sueldo mínimo de México o entre 40-55 dólares por 48 horas seis días a la semana.

Desde la caída de la economía global en 2008, algo así como entre 20,000 y 40,000 trabajos no especializados se han perdido. Más de 50% de la población viven en pobreza y entre 30 y 40% de la población se mantienen sin trabajo.

Como otras ciudades del mundo asediadas con pobreza, Juárez experimenta violencia.

Reclamar y exigir castigo para los perpetradores sin examinar las causas sistémicas, no resuelve nada.

En los días que siguieron el 11 de septiembre de 2001, los EE.UU. cambiaron su definición de la Frontera Mexicana aún más en contra por temor de ira terrorista.

La frontera México-estadounidense llegó a ser una de las más armados pedazos de tierra en el mundo, con 17,000 patrulleros fronterizos a lo largo de 2,000 millas de frontera México EE.UU. mientras solamente 2,000 agentes de patrullas fronterizas para los 5,500 millas de frontera con Canadá.

Comisionados para buscar terroristas, las patrullas fronterizas principalmente aprehenden personas entrando a EE.UU. sin documentación o quienes están envueltos en ilícitos de tráfico de drogas poniendo en cuestión a quienes EE.UU. considera realmente terroristas.

Como en otros lugares, cuando no hay economía formal que pueda sostener a la gente, emerge una economía informal. Las economías informales que son ilegales surgen contra el poder del Estado y la violencia las rodea. En el caso de drogas ilícitas, los EE.UU. y México sacan provecho ambos de las compras y la lucha contra las drogas. Los ciudadanos están en medio y son quien quienes pierden.

Desde febrero de 2009, Juárez se ha convertido en un estado policial porque más de 7,500 militares y 2,300 policías federales enviados por el Presidente Calderón llegaron a la ciudad.

Formalmente el aumento de protección vino como respuesta a los 1,800 asesinatos en relación con las drogas. A pesar de la presencia militar, más de 1.900 personas fueron asesinadas en 2009 en relación con las drogas y más de 3,000 en 2010. Lo que generalmente está en las noticias es la brutalidad de la policía hacia su propia gente.

Los residentes reportan extorsión por la policía federal quien con frecuencia usa máscara para ocultar su identidad de los cárteles.

A cambio de pago, la policía federal promete protección de los cárteles.

Los residentes saben tres cosas: una, la policía federal no va a tomar en cuenta su queja. Dos, aún si la policía lo hiciera, ellos no podrán ganar contra los cárteles y tres, si ellos se niegan a pagar, los resultados pueden ser mortales.

Juárez ha sido ruta de comercio desde los principios y ahora no es diferente. Hay un mercado de drogas en Juárez mismo donde antes de Julio 2009 muchos de los compradores eran ciudadanos estadounidenses. Las drogas son baratas en Juárez, una dosis de cocaína se vende en alrededor de 20 pesos, casi el mismo precio de un plato de tacos o una hamburguesa. Ahora las drogas están destinadas a EE.UU. por supuesto, donde existe un insaciable mercado. Y a pesar de 17,000 agentes de la patrulla fronteriza cerca del 90% de drogas usadas en EE.UU. llegan a través de México mientras casi 90% de armas usadas por quienes controlan el tráfico de drogas viene de EE.UU.

Centro Mujeres Tonantzin

En medio de todo eso que EE.UU. teme, se encuentra el Centro Mujeres Tonantzin no solamente un lugar de belleza, sino un lugar de cambio para las mujeres, su Comunidad y sus familias y un testimonio de gran esperanza para su ciudad y mundo.

Las Hermanas de la Caridad del Verbo Encarnado de San Antonio Texas, han tenido una presencia en Ciudad Juárez desde Septiembre de 1997. Guiadas por su misión de servir y empoderar mujeres que están marginadas y puestas a un lado por la sociedad, las hermanas crearon el Centro Mujeres Tonantzin (CMT). Tonantzin, una palabra nahua que lleva la connotación de mujeres dignificadas o, hablando religiosamente, Nuestra Señora de Guadalupe. Mientras ellas empezaban su trabajo con prostitutas y mujeres encarceladas, en los últimos diez años las hermanas han establecido exitosamente Centros con mujeres en Comunidades pobres. Los Centros son más que una estructura física que proporciona espacio para talleres, clases, estudio de la Biblia, y desarrollo económico, ellos ofrecen una oportunidad para que las mujeres recreen su dignidad, se transformen a ellas mismas, sus familias y su comunidad en solidaridad con otras mujeres.

Las hermanas empezaron trabajando en la Colonia Plutarco Elías Calles hace nueve años. La Colonia Plutarco se sitúa en la parte Sur de la Ciudad ahora bordeada por la carretera de cuatro carriles llamada Camino Real. En transporte público, la Colonia Plutarco está a treinta minutos del Puente Internacional.

Al principio, las hermanas crearon relaciones con algunas de las mujeres a través de talleres de autoestima. Durante 5 años, antes de que el edificio para las mujeres del Centro estuviera terminado, las mujeres se reunían semanalmente en el patio de una de los miembros. Construyendo relaciones y estudiando juntas, las mujeres empezaron a actuar sabiendo que su mundo podía mejorar y de hecho solamente podía mejorar en la medida en que ellas actuaban.

Las mujeres empezaron limpiando las calles y barrancas del área cercana. Basura, animales muertos y grandes hierbas llenaban la vecindad contaminando no solo la tierra y el agua de lluvia sino el carácter de las vecinas. Después de haber limpiado una barranca de aproximadamente dos cuadras cerca del Centro, las mujeres plantaron alrededor de 10 árboles a lo largo de esas calles. Trajeron piedra y grava para arreglar la calle e incluso pusieron un poco de cemento para estabilizar la tierra. Ya sin basura en ese espacio, ellas crearon un espacio para caminar y jugar. Cada semana limpiaban esta misma área cortando hierba, recogiendo basura y regando los árboles. Ellas han seguido transformando otras barrancas en la comunidad.

Al principio cuando empezaron a limpiar las barrancas, la gente de la colonia les llamaba locas. Qué clase de mujeres saldrían de sus casas para tomarse esa tarea. Al paso del tiempo, las señoras notaron que los vecinos dejaban de criticarlas y que algunas personas de la colonia colaboraban teniendo más cuidado del espacio que las rodeaba y tirando la basura a través del equipo de limpia de la ciudad.

Cuando las señoras del CMT Plutarco visualizaron cómo les gustaría que fuera su comunidad, hablaban de árboles, flores y agua. Todas estas cosas faltaban en Juárez, era un gran desierto plateado. La construcción de la ciudad se ha hecho desperdiciando y olvidando las cosas más naturales. Variaciones de gris cubren el panorama, caminos de concreto, casas de block de cemento, tierra sucia pulverizada y convertida en polvo como talco.

Esta realidad no arredró a las mujeres para conseguir su visión. Las señoras expresan cómo una colonia limpia refleja no solo el valor de la salud y el aseo sino algo más importante que es el carácter y modo de ser, sus valores y como se ven así mismas. El cambio del ambiente físico revela el cambio que las mujeres han experimentado a través de su participación en el centro.

El cuidado de su ambiente incluye adoptar sanitarios ecológicos secos, sistema de reutilización de agua, jardines y hortalizas. El sistema de sanitarios secos que desarrollaron las hermanas en colaboración con la Universidad de Texas en El Paso, permitió a las mujeres y sus familias tener una alternativa limpia y segura en lugar de las letrinas y el sistema de drenaje que no siempre trabaja bien. La construcción especializada de las tazas que separan los desechos y desperdicios húmedos y secos son fabricados actualmente por las mujeres del CMT Lomas de Poleo, otro centro para mujeres iniciado por las hermanas como el de Plutarco. Los desechos sólidos cuando se convierten en composta, pueden ser usados en jardines y hortalizas plantadas por ellas mismas.

Las señoras también aprendieron a reutilizar las aguas grises. Después de que el agua pasa por un largo cajón de plantas que filtra el agua del fregadero, lavadero o lavadora, queda suficientemente limpia para usarse en jardines y huertos.

Hortalizas tradicionales y yerbas medicinales son cultivadas en los invernaderos para suplir las cosas que ellas tienen necesidad de comprar. Las yerbas son usadas no solamente para guisar, sino paras elaborar medicinas tradicionales que han sido retomadas por el Centro.

Algunas de las mujeres han plantado árboles frutales y criado gallinas, puercos y conejos, los cuales han sido adquiridos igual que los invernaderos, a través de un trabajo en colaboración con Heifer Internacional.

Cultivando y criando algo para su propia comida, las mujeres tienen ahora una fresca y saludable opción de comida para su familia.

Sus hogares urbanos también reflejan el estilo de vida que ellas dejaron en los ranchos de la provincia en México y cuando ellas proveen la comida para sus seres queridos esto les da un sentido de alegría y convicción de que ésta no sólo nutre sino caracteriza a la comunidad.

El Centro, terminado en 2006, ofrece espacio para reuniones, clases, actividades y celebraciones. Junto con el salón principal que tiene un área para cocinar, el Centro incluye un salón para niños y un baño con un sanitario ecológico seco. Afuera jardines, un invernadero, un filtro para el agua y un largo patio que completa el Centro.

Cada semana las mujeres se reúnen para discutir los asuntos del Centro y programar. Los asuntos incluyen las finanzas, el Proyecto Heifer Internacional, su nuevo proyecto de costura llamado Mujeres en Busca de un Futuro Mejor, el mantenimiento del edificio y las actividades próximas.

Cada semana las mujeres colaboran con 5 pesos para el Centro. Este dinero, junto con actividades para reunir fondos, como venta de tamales o dulces, sirven para pagar la electricidad, el agua y los materiales para el Centro.

La coordinación del Centro se rota entre las mujeres, pero el trabajo del Centro se hace por equipos. Las personas miembros son responsables de su contribución para todo, pero no se les deja el trabajo para hacerlo individualmente.

La construcción de la comunidad es algo tan pequeño como la limpieza semanal del Centro que demuestra su compromiso en un proceso diferente a la norma de individualismo valorada en la sociedad occidental.

Las mujeres hacen todas las decisiones para el Centro comunitariamente. A cada una se le pide su opinión en determinado asunto y también se les pide saber escuchar. No se permite hablar dos veces antes de que cada una haya tenido una oportunidad de decir sus ideas o preocupaciones. Las mujeres valoran tanto el proceso como las decisiones que se hacen.

Ordinariamente el programa semanal es un estudio de la Biblia, un aspecto de la formación espiritual. Aunque es católico, el estudio de la Biblia guiado por una de las hermanas utiliza el modelo de la Teología de la Liberación (Justicia Social) o aproximación a las raíces.

En cada estudio que yo he participado, las mujeres son animadas a reflexionar ellas mismas en los pasajes bíblicos haciéndose estas preguntas

¿Cómo se aplica esto hoy en Juárez? ¿Cómo está Dios en medios de nosotras? y ¿Cómo vamos a actuar?

En muchas ocasiones las mujeres toman un pasaje de la Biblia como una manera no solo de actualizar el significado para ellas mismas, sino como una manera de compartir ese significado con las otras en el grupo. La Biblia se deja abierta para ser leída por las mujeres sin la autoridad de un sacerdote. Ellas se cuestionan acerca de su propia situación y concluyen que Dios es un Dios die justicia y paz que vive con ellas en su pobreza, pero que también les da el poder de entender que la pobreza se debe a situaciones históricas y decisiones hechas por personas en el poder. Las mujeres comprenden la fuerza de su propia presencia como personas pobres despojadas de sus derechos de mujeres en el mundo. Su autoestima crece y reconocen no solamente su igualdad con los hombres, sino también que la pobreza no les quita valor como personas. Al mismo tiempo las mujeres aprenden la importancia de la no violencia y practican esto en sus propias vidas. Ellas son ejemplo para sus hijos y sus esposos.

Talleres de derechos humanos, derechos de las mujeres, sexualidad, nutrición, clases de costura, varias manualidades, computadoras, medicina de hierbas, elaboración de jabones y clases de inglés ayudan a las mujeres a rechazar las definiciones sociales de quién y qué pueden llegar a ser.

Varias veces al año los cuatro Centros Mujeres Tonantzin: Plutarco, Pánfilo Natera y Lomas de Poleo, se reúnen para una convivencia o reunión de compañeras, juntos los 4 Centros celebran lo que cada uno ha logrado y hablan acerca de los sueños y aspiraciones para el futuro. Cada grupo también contribuye para la comida que se comparte con los esposos y los hijos. Cada vez se reúnen alrededor de cien personas. La tarde termina con baile y juegos para los niños.

A través de las actividades del Centro las mujeres ensanchan los límites que la sociedad les ha puesto y desarrollan su capacidad como líderes del Centro y de su Comunidad.

Las Mujeres

Las mujeres del Centro Mujeres Tonantzin Plutarco, vinieron a Juárez buscando trabajo. Llegaron de los estados de Durango, Veracruz, Jalisco, Zacatecas y Oaxaca; la mayoría encontraron en una de las numerosas fábricas extranjeras.

Varias de las mujeres tienen aún familia en sus pueblos y/o ranchos y pueden visitarlos en los días de fiesta o cuando se ponen enfermos.

Muchas de las mujeres llegaron a la Col. Plutarco hace 15 o 20 años antes de que hubiera caminos, electricidad, agua y drenaje en ese lugar que quedaba al sur, lejos del centro de Juárez. Las familias vivían en casas de paletas de madera, usando letrinas y pequeñas estufas de gas.

A pesar de que todas eran pobres en el campo, en Juárez la pobreza urbana las devora, ya que el dinero llega a ser esencial para todo: transportarse al trabajo tomaba entre una y dos horas en autobús y ellas vivían en una colonia con otros migrantes como ellas, desenraizadas de todo lo que era familiar. No conocían a nadie fuera de su familia inmediata que había viajado con ellas a Juárez.

Cuando las mujeres tuvieron hijos, muchas escogieron dejar el trabajo de la maquila.

Desafortunadamente el trabajo más cercano a la casa y que tiene mayor flexibilidad como vender pequeñas mercancías o comida casera, producen considerablemente menos que el dólar por hora en las maquilas.

Igual que las mujeres de cualquier lugar las Mujeres del Centro CMT Plutarco tienen sueños y pueden identificar problemas de la sociedad y sus hogares. A diferencia de otras mujeres ellas tienen el Centro, donde pueden compartir sus sueños, resolver los problemas y hacer del lugar donde viven un espacio significativo. A diferencia de otras personas que utilizan Juárez como un lugar de paso en su camino al Norte, las mujeres del Centro CMT Plutarco consideran que Juárez es su hogar. Ellas trabajan para transformar la sociedad a través de su transformación personal, de su familia y comunidad.

Como grupo de mujeres identifican desempleo, violencia y falta de respeto a los derechos de las mujeres en la sociedad como problemas claves.

Con el desempleo viene la incertidumbre de poder hacerse cargo de los niños y de la familia.

La violencia existe no solo en las calles o entre los carteles de la droga. También en sus hogares, como mujeres experimentan violencia física y sexual de parte de sus esposos.

Así como ellas hablan acerca de la economía, las mujeres reconocen que la pobreza y el desempleo se deben a la dependencia que México tiene de la economía de EE.UU., la pobreza persiste, explican ellas porque el gobierno mexicano escoge no hacer nada por la gente. Como la pobreza aumenta, la violencia crece. La gente comete crímenes para proveer a sus familias y para aliviar la pena y la humillación que acompaña el empobrecimiento.

El aumento de los militares no ayuda a acabar con la violencia porque no ataca las raíces. Para acabar con la violencia, la pobreza debe ser eliminada y las mujeres deben ser reconocidas como iguales a los hombres.

Mientras las mujeres trabajan para erradicar esos problemas, ellas se preguntan así mismas y a las demás: ¿Cuáles son mis capacidades? ¿Cuál es mi misión? A través de las respuestas compartidas a estas cuestiones y en la construcción del liderazgo y habilidades para la organización, las mujeres adquieren confianza en ellas mismas y a través de esto se valoran a ellas mismas, más de lo que la sociedad tiende a considerarlas.

Antes de participar en el Centro las mujeres experimentaban soledad y muy poca autonomía. Ellas iban solamente de su casa al trabajo, a comprar, a llevar a sus hijos a la escuela. A pesar de vivir cerca unas de otras, muy pocas de las mujeres se conocían. El Centro con sus numerosas actividades y misión las saca de su casa. Antes eran extrañas unas a otras, ahora están tejidas en un apretado círculo en donde se ayudan unas a otras. El Centro es su hogar.

A causa de la difícil realidad económica las mujeres viven luchando por proveer para su familia. Actualmente tienen dos iniciativas para ayudar a mejorar su economía.

Semanalmente reúnen una despensa trayendo una cosa necesaria cada una y la rifan para que una de ellas la lleve a su casa. También han iniciado una cooperativa de costura a través de su propio proyecto llamado

Mujeres en busca de un Futuro Mejor. Con fondos que ellas han adquirido a través de un pequeño donativo, las mujeres buscan contratos para coser uniformes de escuela o trajes para grupos musicales, quinceañeras, fiestas, bodas u otros eventos especiales. Las mujeres están adquiriendo valiosas habilidades como la costura y la negociación. Ellas ofrecen también a la Comunidad un servicio necesario porque ofrecer su trabajo más barato que en las tiendas. El dinero que ganan sostiene al Centro y el proyecto también puede ser una entrada para las mismas señoras.

A través de estos proyectos las mujeres actúan como familia unas de otras y también establecen independencia.

Los Niños

Los hijos de las señoras del CMT Plutarco actúan como los niños de cualquier lugar. Ellos inventan juegos. Evaden hacer la tarea, desean dulces y se molestan unos a otros constantemente. Al igual que otros niños de Juárez y de la Colonia ellos van a la escuela cuatro horas al día y se les permite muy poca independencia a causa de la violencia que llena las calles.

Aunque México ofrece educación gratuita en la educación primaria, los padres deben comprar uniformes, materiales, y transporte diario a la escuela. Para las mujeres del CMT Plutarco la educación no es nada gratuita. Por ley, los alumnos deben asistir a la escuela hasta finalizar la secundaria, pero solamente 60% de la población de Juárez ha completado el sexto grado. Se estima que 80,000 adolescentes entre 12 y 16 años no asisten a la escuela. El costo de la Secundaria y Preparatoria está alrededor de los doscientos dólares por año, si aumentamos el costo de uniformes, materiales y la distancia de la escuela a la Colonia Plutarco, asistir a la escuela es un privilegio que nada tiene que ver con un derecho. Además, en la creciente competencia del mercado de trabajo es cada vez más necesaria una mayor educación. Sin una educación más allá de la escuela primaria, no hay esperanza de trabajo especialmente en Juárez y sin dinero, no hay esperanza de educación.

Las preocupaciones de las madres son reales, con escasos trabajos y educación cara, las bandas de jóvenes y los vendedores de drogas tienen la ventaja en el reclutamiento de jóvenes que no ven otro futuro.

Las madres de CMT Plutarco esperan que, con la ayuda del Centro, ellas puedan ofrecer a sus hijos y a los niños de la Colonia una buena razón para mantenerse en la escuela y una esperanza de lograrlo.

A través de su participación las mujeres reciben becas para ayudar a pagar la educación de sus hijos. Los niños y jóvenes del Centro ayudan a sus madres a limpiar las barrancas y ellos participan en actividades semanales en las que tienen su propia maestra. Ellos hacen trabajos manuales, tienen juegos de mesa y organizan convivencias. En las vacaciones de verano las mujeres organizan algunos días en los que repasan algunas de las habilidades académicas, además de juegos, películas y botanas. Al mismo tiempo las mujeres aprenden a educar como madres y a hablar con sus hijos. Y como las madres de todos los lugares, sus hijos son la parte más importante de su vida.

En el caso de las mujeres del CMT Plutarco, los niños aprenden que hay razones para conservar la esperanza. A través de su acción las mujeres crean un lugar que tiene significado y una historia que explica su realidad vivida mientras crean cambios para que sus hijos puedan participar en la construcción de su propia historia. Yo confío en que lo harán.

Emma G. Bailey, PhD

With a PhD from the University of Denver, Professor of Sociology, Emma Bailey, has teaches at Western New Mexico University. Previously, she served three years as an assistant professor of sociology at St. Cloud State University. In addition to her duties in the classroom, Emma currently serves as President of the Faculty Senate and is past-president of the Association for Humanist Sociology—a national sociological association that seeks to use sociology for people, as well as the larger needs of the planet. She is also an Associate Editor for the journal *Humanity and Society*. Emma's scholarly research focuses on women's lives and how they seek change.

Alicia K. Edwards, Photographer

Alicia Edwards' photographs have always had an element of social commentary. Regardless of the subject matter, she invites the viewer to question how we participate in the world around us. This project gave her the opportunity to do a large-scale documentary that was focused on a rarely seen viewpoint of a mainstream topic, the U.S.-Mexico border. This project had many firsts for her; people as her primary subject, using digital instead of film, working with another person and a view of border issues she would never have had otherwise. These images are meant to provoke a different interpretation of what the government and media would have one believe the border issues are. "They are also meant to break your heart," she says. Most of all, however, they are meant to be a celebration of the indomitable spirit of the women and children of Juárez and everywhere else in the world women and children are under siege.

All proceeds from the sale of *We Are Hope*
will be donated to
Centro Mujeres Tonantzin Plutarco.

www.wearehopejuarez.com
www.centromujerestonantzinplutarco.com

www.ingramcontent.com/pod-product-compliance
Lightning Source LLC
Chambersburg PA
CBHW020251290326
41930CB00039B/739